Gemeinsamer
Europäischer
Referenzrahmen

备考训练

DaF leicht

Prüfungstrainer

欧标德语教程 A2

编　著：［德］比尔吉特·布劳恩
伊芙琳·施瓦茨
桑德拉·霍赫曼
编　译：薛　琳

上海译文出版社

Vorwort　前言

　　《欧标德语教程（备考训练）》是一套专门针对欧标德语考试的辅导书，分 A1、A2 和 B1 三个级别，考生可自选级别进行学习备考。本书也可作为《欧标德语教程》系列教材的配套课堂练习使用。

　　本系列每本共十个单元，每单元的主题与《欧标德语教程》系列教材相对应，涵盖了欧标考试相关的题型与考点。"备考训练"与该系列的"练习册"不同，旨在帮助考生系统性地学习、巩固语法要点和考试必备词汇，并且提供与欧标考试题目类型相同的练习。本书每两单元配备一个覆盖听、说、读、写四项语言技能的备考训练板块，帮助考生熟悉考试题型并自测。书中包含不同题型的解题策略，适时给予考生与考试相关的重要信息和实用备考小贴士。在本书的最后有一套与真题难度一致的模拟试题，让考生在最真实的考试氛围中检测自己的德语能力，完成考前冲刺。

　　本书是由上海电机学院德语讲师薛琳负责编译，解析备考训练中部分难点以及提供相关的解题策略，本书还配有相关的音视频讲解，帮助考生更有针对性地进行备考训练。

编译者

Inhalt

Die Symbole bedeuten:

 Sie arbeiten zu zweit.

 Track   Sie hören einen Audio-Track.

P   Das sind Aufgaben mit klarem Prüfungsbezug.

Seite 12/13 KB Die Seiten verweisen auf Aufgaben im Kursbuch.

Strategie   Hier finden Sie Strategien für die Prüfung.

Tipp   Hier finden Sie Tipps, wie Sie eine Aufgabe lösen können.

Information   Hier finden Sie eine Information zu Grammatik, Wortschatz oder Sprachvergleich.

Mit DaF leicht
zur Prüfung

Themen aus den Lektionen wiederholen, vertiefen und erweitern

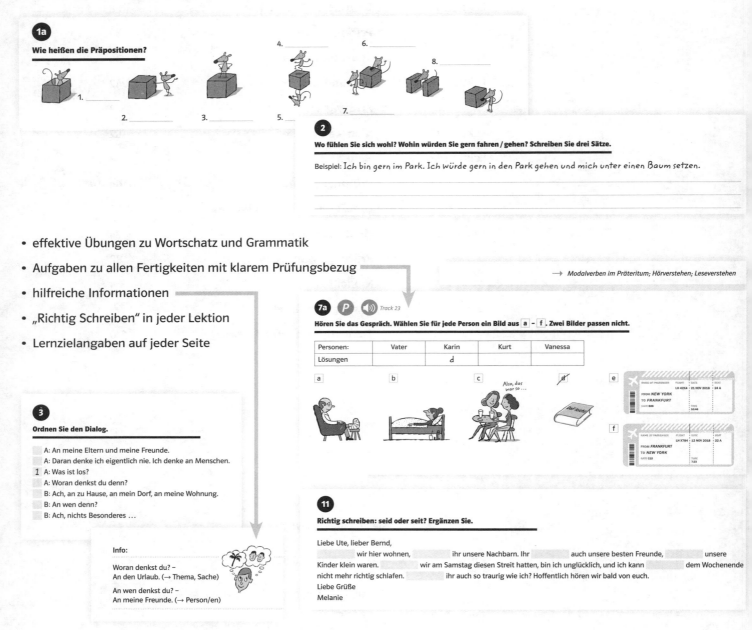

1a

Wie heißen die Präpositionen?

1. ___
2. ___
3. ___
4. ___
5. ___
6. ___
7. ___
8. ___

2

Wo fühlen Sie sich wohl? Wohin würden Sie gern fahren / gehen? Schreiben Sie drei Sätze.

Beispiel: Ich bin gern im Park. Ich würde gern in den Park gehen und mich unter einen Baum setzen.

- effektive Übungen zu Wortschatz und Grammatik
- Aufgaben zu allen Fertigkeiten mit klarem Prüfungsbezug
- hilfreiche Informationen
- „Richtig Schreiben" in jeder Lektion
- Lernzielangaben auf jeder Seite

→ Modalverben im Präteritum; Hörverstehen; Leseverstehen

7a P 🔊 Track 23

Hören Sie das Gespräch. Wählen Sie für jede Person ein Bild aus a - f . Zwei Bilder passen nicht.

Personen:	Vater	Karin	Kurt	Vanessa
Lösungen		d		

a b c (Also, das war so ...) d

e
NAME OF PASSENGER FLIGHT LH 4234 DATE 21 NOV 2018 SEAT 24 A
FROM NEW YORK
TO FRANKFURT
DATE B26 TIME 10:48

f
NAME OF PASSENGER FLIGHT LH X784 DATE 12 NOV 2018 SEAT 32 A
FROM FRANKFURT
TO NEW YORK
GATE C15 TIME 7:23

3

Ordnen Sie den Dialog.

☐ A: An meine Eltern und meine Freunde.
☐ A: Daran denke ich eigentlich nie. Ich denke an Menschen.
1 A: Was ist los?
☐ A: Woran denkst du denn?
☐ B: Ach, an zu Hause, an mein Dorf, an meine Wohnung.
☐ B: An wen denn?
☐ B: Ach, nichts Besonderes ...

11

Richtig schreiben: seid oder seit? Ergänzen Sie.

Liebe Ute, lieber Bernd,
_____ wir hier wohnen, _____ ihr unsere Nachbarn. Ihr _____ auch unsere besten Freunde, _____ unsere Kinder klein waren. _____ wir am Samstag diesen Streit hatten, bin ich unglücklich, und ich kann _____ dem Wochenende nicht mehr richtig schlafen. _____ ihr auch so traurig wie ich? Hoffentlich hören wir bald von euch.
Liebe Grüße
Melanie

Info:

Woran denkst du? –
An den Urlaub. (→ Thema, Sache)

An wen denkst du? –
An meine Freunde. (→ Person/en)

„INTENSIV ÜBEN UND AUF DIE PRÜFUNG VORBEREITEN!"

Prüfungstraining nach jeder zweiten Lektion

- alle Fertigkeiten und Prüfungsformate gezielt trainieren
- prüfungsrelevanten Wortschatz ergänzen
- Strategien und Tipps helfen beim Lösen der Aufgaben
- Checkliste: Bin ich vorbereitet?

Tipp:
– Du oder Sie? Üben Sie beide Formen!
– Reagieren Sie auf Antworten:
  Interessant! / Aha. / Wirklich? / Ich auch. / …

Checkliste fürs Lesen

1. Ich kann in Texten die wichtigen Informationen finden und markiere sie.
2. Ich denke nicht lange über unbekannte Wörter nach. Ich lese einfach weiter.
3. Ich habe viele Texte im Kursbuch und im Intensivtrainer noch einmal gelesen.
4. Ich habe deutsche Zeitungstexte gelesen und das Wichtigste verstanden.
5. Ich habe viele Anzeigen und Kurzinformationen auf Deutsch gelesen, auch im Internet.

Lesen

1 Sechs Personen lesen im Internet Informationen zu Musikveranstaltungen. Lesen Sie die Aufgaben und die Anzeigen a bis f. Welche Anzeige passt zu welcher Person? Für eine Person gibt es keine Lösung (markieren Sie mit ✕).

Strategie:
1. Aufgaben lesen.
2. Anzeigen lesen und markieren: Wo sind die Informationen, die Sie suchen? Markieren Sie.

a Sommer-Familientheater
Wir zeigen „Pippi Langstrumpf"
in der Musical-Version von Otto Senn (Text)
und Rainer Bielfeldt (Musik).
Gute Unterhaltung für die ganze Familie!
Am Samstag und Sonntag um 16:00 Uhr.

b RED LIVE GROUP
Die Gruppe verbindet Rock und Comedy mit technischen Effekten. Innovativ und kreativ.
Am Samstagabend in der Tanzfabrik.

c Breakdance
Die bekannte Breakdance-Gruppe Great Break ist vom 25. bis 30. Juli zu Gast im Stadttheater. olle erwartet Sie.

d Klaviertrio
Der Klassikkurs der Musikhochschule gibt am Mittwoch sein Schlusskonzert mit Werken von Brahms und Schostakowitsch.
Im Kammermusiksaal. Beginn 20.00 Uhr.

e im Stadtpark
„Jazz im Park" präsentiert bekannte Jazzmusiker. Im Mittelpunkt steht Musik von Swing bis Cool, aber auch improvisierte Nummern und Eigenkompositionen.
Jeden Samstagabend im Juli und August.

f HIP HOP
Der New Yorker Musiker, Tänzer und Performance-Künstler KREE BEE, aufgewachsen mit den Sounds der 90er Jahre, kommt am 3. August in die Stadthalle! Kartenverkauf ab jetzt.

Beispiel

Die Veranstaltungen a, b und e sind am Wochenende, aber nur die Veranstaltung e findet draußen statt. Die richtige Antwort ist also e.

0. Hans möchte am Wochenende mit Freunden Musik hören und das schöne Wetter genießen.

Jetzt Sie

1. Jochen mag Technik und Rockmusik.
2. Irinas kleine Tochter liebt Musicals.
3. Lisa und Monika sind am 15. und 16. August in der Stadt und interessieren sich für modernen Tanz.
4. Nicks Tochter mag modernen Tanz und hat Anfang August Geburtstag. Er möchte mit ihr eine Veranstaltung besuchen.
5. Franziska liebt klassische Musik.

Zum Schluss: Modelltest

- Vorstellung der Prüfung (Ablauf, Zeit, Inhalte, …)
- Modelltest Goethe-Zertifikat A2
- kommentierte Lösungen

Die Prüfung „Goethe-Zertifikat A2"

Das sind die Teile in der Prüfung:

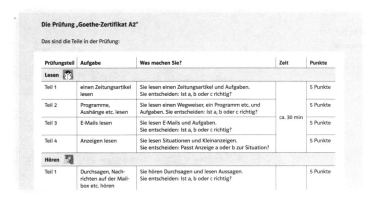

Prüfungsteil	Aufgabe	Was machen Sie?	Zeit	Punkte
Lesen				
Teil 1	einen Zeitungsartikel lesen	Sie lesen einen Zeitungsartikel und Aufgaben. Sie entscheiden: Ist a, b oder c richtig?		5 Punkte
Teil 2	Programme, Aushänge etc. lesen	Sie lesen einen Wegweiser, ein Programm etc. und Aufgaben. Sie entscheiden: Ist a, b oder c richtig?	ca. 30 min	5 Punkte
Teil 3	E-Mails lesen	Sie lesen E-Mails und Aufgaben. Sie entscheiden: Ist a, b oder c richtig?		5 Punkte
Teil 4	Anzeigen lesen	Sie lesen Situationen und Kleinanzeigen. Sie entscheiden: Passt Anzeige a oder b zur Situation?		5 Punkte
Hören				
Teil 1	Durchsagen, Nachrichten auf der Mailbox etc. hören	Sie hören Durchsagen und lesen Aussagen. Sie entscheiden: Ist a, b oder c richtig?		5 Punkte

Lesen, Teil 2

Lesen Sie das Programm für das Sommerfest in Neustadt. Wohin gehen Sie? Wählen Sie die richtige Lösung a, b oder c.

Sommerfest Neustadt – Programmübersicht

Sporthalle	Informationen über Sportvereine aus Neustadt Vormittag: Flohmarkt für Spiele und Sportsachen
Theater	Vormittag: Musikvereine aus Neustadt informieren 16:00 Uhr Konzert: Neustädter Musiker und Chor
Kino	Vormittag: Schulen aus Neustadt stellen sich vor 15:00 Uhr: „Wie es früher war" (Film über die Geschichte von Neustadt)
Rathausplatz	9:30 Uhr: Informationen über das neue Schwimmbad 10:00 / 12:00 / 14:00 Uhr: Fußball für Kinder ab 6 Jahren
Museum	Ausstellung: Maler aus Neustadt ab 14:00 Uhr: Malen für Jugendliche ab 12 Jahren
Stadtpark	9:00 Uhr: Joggen mit dem Bürgermeister (Erwachsene) Grillen & mehr: Essen und Getränke den ganzen Tag

Beispiel

0 Sie möchten Musik hören.
  a Sporthalle
  b Stadtpark
  ✕ anderer Ort

6 Sie möchten ein günstiges Spiel kaufen.
  a Kino
  b Museum
  c anderer Ort

7 Ihr 8-jähriger Sohn möchte mit anderen spielen.
  a Rathausplatz
  b Sporthalle
  c anderer Ort

8 Sie haben Durst.
  a Kino
  b Theater
  c anderer Ort

9 Sie brauchen Informationen über die Schulen in Neustadt.
  a Kino
  b Sporthalle
  c anderer Ort

10 Sie möchten mehr über einen Fußballverein wissen.
  a Rathausplatz
  b Sporthalle
  c anderer Ort

1

Finden Sie die Wörter.

3.

4.

5.

1.				M				
2.				U				
3.				S				
4.				I				
5.				K				

2

Wie kann Musik sein? Ergänzen Sie die Wörter.

rhythmisch | laut | fröhlich | langweilig | traurig | schnell

1. Die Musik ist zu   ! Ich verstehe dich nicht.

2. Der Schlagzeuger spielt sehr   . Man kann seine Hände gar nicht sehen.

3. Die Musik ist sehr   . Da möchte ich tanzen.

4. Das Lied ist sehr   . Es macht Spaß, und alle lachen.

5. Die Musik ist so   . Ich fühle mich richtig unglücklich.

6. Dieses Lied gefällt mir nicht. Es ist   .

3 *Seite 12 KB, 1d*

Lesen Sie den Text noch einmal und kreuzen Sie an: richtig oder falsch?

	richtig	falsch
1. Die Band spielt nur Rap.	☐	☐
2. Man kann mit der Band auch Deutsch lernen.	☐	☐
3. Joe spielt nicht immer mit.	☐	☐
4. Die Band schreibt Reisebücher.	☐	☐

4a

Verbinden Sie.

1. einen Sänger   a. spielen
2. Musik   b. mögen
3. ein Instrument   c. lesen
4. einen Beruf   d. sprechen
5. Bücher   e. haben
6. eine Fremdsprache   f. hören

4b

Schreiben Sie Fragen mit den Wörtern aus 4a.

Info:

Nominativ: Was für ein / ein / eine … ist das?
Akkusativ: Was für einen / ein / eine … magst du?

Beispiel (1.): *Was für einen Sänger magst du?*

2. _____

3. _____

4. _____

5. _____

6. _____

4c

Stellen Sie Ihrem Partner / Ihrer Partnerin die Fragen aus 4b. 🧑‍🤝‍🧑

5

Streichen Sie die falschen Artikel durch.

Beispiel: Was für ~~einen~~ / ein Buch ist das?

1. Was für einen / eine Kuchen isst du?

2. Was für ein / eine Hose möchtest du?

3. Was für eine / ein Sängerin ist das?

4. Was für ein / einen Beruf hast du?

5. Was für einen / ein Sport gefällt dir?

6a

Schreiben Sie über Ihre Lieblingsmusik.

Meine Lieblingsband / Mein Lieblingssänger / Meine Lieblingssängerin heißt _____.

Er / Sie macht _____. Er / Sie kommt aus _____.

Seine / Ihre Musik ist _____.

Mein Lieblingssong ist _____

_____.

6b **P**

Lesen Sie Ihre Texte vor und sprechen Sie über die Musik. 🧑‍🤝‍🧑

A: Interessant / Toll / Spannend!

Die Band / Den Sänger / … kenne ich auch. / noch nicht.

Warst du schon einmal bei einem Konzert?

Was für Instrumente spielt …?

Kennst / Magst du auch …?

B:

Ja, 2017, es war toll. / Nein, leider nicht.

Ja, die Musik gefällt mir auch gut. / aber nicht so gut.

7a

Schreiben Sie Sätze mit weil.

Beispiel: Tobias ist Musiker. (Warum?) Er liebt Musik. *Tobias ist Musiker, weil er Musik liebt.*

1. Sara geht ins Konzert. (Warum?) Sie hört gern Jazz.

_____, _____.

2. Tim und Franz haben Kopfschmerzen. (Warum?) Sie hören zu laut Musik.

_____, _____.

3. Julia übt jeden Tag Klavier. (Warum?) Sie gibt am Samstag ein Konzert.

_____, _____.

4. Wir sind im Tanzkurs. (Warum?) Wir wollen tanzen lernen.

_____, _____.

5. Elke kauft Konzertkarten. (Warum?) Ihr Sohn hat Geburtstag.

_____, _____.

7b

Ergänzen Sie.

Beispiel: Mira hat keine Zeit.	Sie spielt.	*Mira hat keine Zeit, weil sie spielt.*
	Sie spielt Gitarre.	*Mira hat keine Zeit, weil sie Gitarre spielt.*
1. Wir kommen später.	Wir essen.	_____
	Wir essen zu Abend.	_____
2. Jochen ist glücklich.	Er liest.	_____
	Er liest eine E-Mail von Anna.	_____
3. Meine Freunde haben Stress.	Sie arbeiten.	_____
	Sie arbeiten jeden Tag zehn Stunden.	_____
4. Lukas ist in der Küche.	Er kocht.	_____
	Er kocht das Abendessen.	_____

  Track 1

8

Richtig schreiben: Hören Sie die Wörter und ergänzen Sie.

1. l____t
2. Schlagz____g
3. B____erin
4. m____n
5. l____se
6. ____s
7. schr____ben
8. Kl____d
9. h____te
10. Tr____m
11. M____
12. k____fen

9a

Was passt? Kreuzen Sie an.

	haben	machen	sein	verdienen	beantragen
Beispiel: eine Ausbildung	☒	☒	☐	☐	☐
1. arbeitslos	☐	☐	☐	☐	☐
2. ein Praktikum	☐	☐	☐	☐	☐
3. Asyl	☐	☐	☐	☐	☐
4. verheiratet	☐	☐	☐	☐	☐
5. Geld	☐	☐	☐	☐	☐
6. ein Austauschprogramm	☐	☐	☐	☐	☐

9b *Seite 18 KB, 12a* *Track 2*

Hören Sie. Schreiben Sie über die Personen Sätze mit Wörtern aus 9a.

Beispiel: Marco ist mit einer Österreicherin *verheiratet*.

1. Lieke _____ in Basel.

2. Ela hat dieses Jahr auf der Insel Rügen _____ .

3. José hat eine _____ als Informatiker.

   Zu Hause war er _____ .

4. Samis Familie hat _____ .

5. Kathie studiert Medizin. Sie _____ in Freiburg.

10a

Ergänzen Sie die Tabelle.

Infinitiv	Partizip II	Infinitiv	Partizip II
bestellen	bestellt		erzählt
	bezahlt		erlaubt
	besucht		verdient
	bekommen		vergessen
	entschuldigt		verstanden

Info:

Verben mit be-, ent-, er-, ver-, zer- sind nicht trennbar und haben kein ge- im Partizip.

10b

Ergänzen Sie Verben aus 10a.

Gestern habe ich eine Freundin _____ . Sie hat mir eine Geschichte _____ : Im Urlaub hat sie in einem Restaurant Essen _____ . Leider hat sie ihr Portmonee _____ . Sie hat sich beim Kellner _____ , aber er hat sie nicht _____ . Dann ist ein anderer Gast aus ihrem Hotel ins Restaurant gekommen und hat für sie _____ . War das nicht nett?

Lesen Sie die E-Mail. Was ist richtig? Kreuzen Sie an.

Lieber Timo,

gestern habe ich dir eine WhatsApp-Nachricht über das Falco-Musical geschrieben und du hast gefragt: Wer oder was ist Falco? Also: Falco war ein Musiker, 1957 in Wien geboren. „Falco" ist ein Künstlername, sein richtiger Name war Johann Hölzl. Er hat verschiedene Musikstile gesungen, zum Beispiel Hip-Hop, Soul, Rap und Techno. Sein größter Hit war „Amadeus". Der Song war 1986 drei Wochen in den amerikanischen Charts auf Platz 1. Falco ist ein Weltstar geworden und hat viel Geld verdient.

Danach hatte er leider nicht mehr so viel Erfolg. 1990 ist Falco von Österreich in die Dominikanische Republik umgezogen. 1998 ist er dort bei einem Autounfall gestorben. In Österreich hat man ihn aber noch nicht vergessen.

So, jetzt weißt du mehr! Viele Grüße
Gunnar

	richtig	falsch
1. Falco war ein Musiker aus Österreich.	☐	☐
2. Er hat klassische Musik gemacht.	☐	☐
3. Falco war auch in den USA bekannt.	☐	☐
4. Er hat bis zum Schluss in Wien gelebt.	☐	☐

11b

Finden Sie die Partizip-II-Formen in der E-Mail und ergänzen Sie.

Beispiel: gest*orb*en

1. gew_____en
2. v_____t
3. _____ge_____en
4. ge_____ben
5. geb_____en
6. ge_____gen
7. v_____en
8. ge_____t

12

Ergänzen Sie.

1. Im Mai bin ich in meine neue Wohnung um_____zog_____.

2. Ich habe die Wohnung auf_____räum_____ und Getränke ein_____kauf_____.

3. Dann habe ich meine Freunde an_____ruf_____ und alle ein_____lad_____.

4. Sie haben viele Blumen mit_____bracht. Meine Wohnung hat so schön aus_____seh_____!

13

Ergänzen Sie die Partizip-II-Formen.

einkaufen | aufstehen | aufwachen | fernsehen | machen | liegen | frühstücken | aufräumen | reden | anrufen

Gestern habe ich nicht viel *gemacht*. Ich bin erst um 10:00 Uhr _____. Ich bin _____ und habe _____. Um 11:30 Uhr habe ich im Supermarkt _____. Zu Hause habe ich eine Freundin _____, und wir haben zwei Stunden _____. Ich habe auch ein bisschen _____, aber ich war schnell müde. Danach habe ich auf dem Sofa _____ und _____.

Track 3

Hören Sie den Radiobeitrag. Kreuzen Sie an: richtig oder falsch?

	richtig	falsch
1. Cynthia schreibt die Songtexte.	☐	☐
2. Juline hat in Kanada studiert.	☐	☐
3. Juline und Cynthia kommen aus Genf.	☐	☐
4. Sie arbeiten immer in der Schweiz.	☐	☐
5. Auch ihre Familien sind aus der Schweiz.	☐	☐
6. Jetzt wohnen sie in Paris.	☐	☐

14b

Ergänzen Sie die Wörter und hören Sie dann noch einmal zur Kontrolle.

1. Heute stellen wir Ihnen ein Duo aus der ▮▮▮▮▮▮ vor.
2. Juline arrangiert die ▮▮▮▮▮▮ .
3. Cynthia schreibt die Texte und ▮▮▮▮▮▮ .
4. Sie hat Jazz und Film ▮▮▮▮▮▮ .
5. Juline und Cynthia arbeiten mit ▮▮▮▮▮▮ aus der ganzen Welt zusammen.

15a

Erfinden Sie zusammen mit Ihrem Partner / Ihrer Partnerin eine Person.

Name: _____

Beruf: _____

Geburtsdatum: _____

Staatsangehörigkeit: _____

Familienstand: _____

Ausbildung: _____

Kinder: _____

Hobbys: _____

Wenn Sie möchten, malen Sie ein Bild
von Ihrer Person.

15b

Suchen Sie jetzt einen neuen Partner / eine neue Partnerin und stellen Sie Ihre Person vor.

Unsere Person ist ein Mann / eine Frau.
Er / Sie heißt / ist / kommt aus …
Er / Sie hat eine Ausbildung als … / hat … studiert.
Er / Sie …

15c

Was erzählt der neue Partner / die neue Partnerin? Machen Sie Notizen.
Gehen Sie dann zurück zu Ihrem ersten Partner / Ihrer ersten Partnerin und berichten Sie.

Ich habe mit Pavel gesprochen. Seine Person ist eine Frau und sie …

1a

Ordnen Sie die Wörter zu. Was passt zu welcher Stadt?

ordentlich | modern | Hochhaus | hektisch | ruhig | Schloss | See | Park | Fluss | chaotisch | Brücke | Kirche

Frankfurt

Karlsruhe

_____

_____

_____

1b

Sortieren Sie die Nomen aus 1a und schreiben Sie den Plural.

der *See, die Seen;* _____

das _____

die _____

1c

Wie kann eine Stadt sein? Finden Sie Gegenteile.

~~alt~~ | laut | hässlich | klein | groß | chaotisch | ruhig | interessant | schön | ordentlich | ~~modern~~ | langweilig

Beispiel: *alt* _____ ↔ *modern* _____   _____ ↔ _____

_____ ↔ _____   _____ ↔ _____

_____ ↔ _____   _____ ↔ _____

2

Ihr Partner / Ihre Partnerin beschreibt eine Stadt. Welche? Raten Sie.

Nürnberg

Dortmund

Basel

Die Stadt sieht sehr modern / ein bisschen langweilig / interessant / … aus.

Vorne / Links ist / steht ein/e …

Hinten / Rechts / In der Mitte sieht man …

Track 4

Richtig schreiben: Welches Wort hören Sie? Kreuzen Sie an.

1. ☐ Haus   ☐ aus   4. ☐ alle   ☐ Halle
2. ☐ und   ☐ Hund   5. ☐ hier   ☐ ihr
3. ☐ her   ☐ er   6. ☐ Hecke   ☐ Ecke

Was braucht eine Stadt? Schreiben Sie Sätze und markieren Sie die Verben.

Beispiel: Vittorio: Die Menschen brauchen Platz. – Vittorio glaubt, *dass die Menschen Platz brauchen.*

1. Lea: Parks sind toll. – Lea findet, _____ .

2. Sven: Ich mag Theater und Kinos. – Sven sagt, _____ .

3. Frau Kanz: Viele Geschäfte sind wichtig. – Frau Kanz denkt, _____ .

Korrigieren Sie die Sätze.

Beispiel: Ich denke, brauchen wir viele Fahrradwege. *Ich denke, dass wir viele Fahrradwege brauchen.*

1. Wir wollen, es schöne Parks gibt. _____

2. Er findet wichtig, gibt es viele Bäume. _____

3. Ich meine, sind zu viele Autos in der Stadt. _____

Sprechen Sie mit Ihrem Partner / Ihrer Partnerin.

Parks – viel Grün – wenig Verkehr – Spielplätze – schöne Geschäfte – Cafés – Bäume – Bänke – Radwege – sauber – ...

A: Ich finde es wichtig, dass es schöne Parks in der Stadt gibt.
   Ich bin der Meinung, dass ...
   Ich denke / finde / glaube, dass ...
   Ich wünsche mir / möchte / will, dass ...

B: Das finde ich auch.
   Das finde ich nicht so wichtig.
   Ich möchte auch, dass ...

Verbinden Sie.

1. Die Haltestelle ist direkt vor der Wohnung.   a. Ich finde es sehr gemütlich dort.
2. Ich sitze gern auf dem Sofa.   b. Sie ist nicht stabil.
3. Die Idee ist neu und besonders.   c. Er ist kaputt.
4. Kannst du den Stuhl reparieren?   d. Das ist praktisch.
5. Ich bin gern im Café Villa.   e. Es ist so bequem.
6. Setz dich nicht auf die Bank da!   f. Sie ist wirklich originell.

6a

Lesen Sie die E-Mail. Kreuzen Sie an: richtig oder falsch?

Lieber Jan,

wann kommst du mich mal wieder besuchen? Ich zeige dir dann, dass meine Stadt jetzt noch schöner und interessanter ist. Mein Lieblingsort ist das Café Villa, und es ist jetzt noch gemütlicher. Der Kaffee ist ein bisschen teurer geworden, aber er schmeckt auch besser. Ich bin ja schon immer gern dorthin gegangen, aber jetzt bin ich noch lieber dort. Und du kennst den neuen Park auch noch nicht. Dort gibt es mehr Bänke als im alten Park. Und sie sind auch bequemer. Ich finde es auch super, dass wir ein neues Gartenlokal haben. Es ist viel größer als das alte, und die Gäste sind jünger. Also, wann kommst du?

Liebe Grüße

Lisa

	richtig	falsch
1. Lisa wohnt in einer neuen Stadt.	☐	☐
2. Lisa war früher nicht gern im Café Villa.	☐	☐
3. Jan kennt nur den alten Park.	☐	☐
4. Im alten Park waren die Bänke unbequemer.	☐	☐

Info:

Das ist ~~mehr interessant~~ interessanter.

6b

Schreiben Sie die Komparative aus 6a in die Tabelle.

+ -er	a → ä, o → ö, u → ü + -er (meist bei kurzen Adjektiven)	besondere Formen
schöner	größer	teurer
		besser

6c

Ergänzen Sie.

Beispiel: Das Schloss ist sehr alt, aber die Kirche ist noch *älter*.

1. Im Café Villa ist der Kaffee teuer, aber im Café Rosemarie ist er ▯.
2. Das Stadtmuseum ist interessant, aber das Technikmuseum finde ich ▯.
3. Das Geschäft ist groß, aber das Einkaufszentrum ist viel ▯.
4. Der Park gefällt mir gut, aber der Wald gefällt mir ▯.
5. Ich gehe gern am See spazieren, aber noch ▯ schwimme ich im See.

7

Leben in einer Klein- oder Großstadt? Diskutieren Sie.

Info:

preiswert = günstig

viel los – wenig los – hektisch – ruhig – langweilig – ordentlich – teuer – preiswert – Geschäfte – Autos – Freizeitangebote – ...

A: Ich mag ... lieber.

Ich finde, dass ... dort besser / schlechter ist / sind.

B: Ich auch.

Wirklich? Mir gefallen ... besser.

Ja, aber es ist auch hektischer / langweiliger / teurer / preiswerter ...

Ich bin der Meinung, dass (es) dort mehr ...

8a

Ein Arbeitsplatz. Finden Sie zehn Wörter.

T	R	K	U	L	I	Ü	N	Z	I	L	E
A	Ö	H	X	Z	C	G	S	O	J	U	Q
S	C	H	R	E	I	B	T	I	S	C	H
T	Ü	M	R	T	I	W	I	L	Z	L	B
A	D	A	H	T	V	B	F	W	O	A	K
T	F	U	Y	E	L	N	T	R	I	P	F
U	V	S	N	L	A	M	P	E	C	T	Y
R	G	Z	Ä	J	T	E	L	E	F	O	N
B	I	L	D	S	C	H	I	R	M	P	U

der Bildschirm, die Bildschirme

_____

_____

_____

_____

_____

_____

_____

_____

8b

Schreiben Sie.

1. _____

2. _____

3.  _____

4. _____

5. *an* _____

6. _____

7. _____

8. _____

9. _____

8c

Ergänzen Sie.

Beispiel: Der Textmarker liegt *auf* **den** Zetteln.

1. Der Apfel liegt _____ d_____ Tasse und
   d_____ Brille.

2. Die Stifte liegen _____ d_____ Tastatur.

3. _____ d_____ Telefon liegen Zettel.

4. Die Brille liegt _____ d_____ Tastatur.

5. Die Notizzettel liegen _____ d_____
   Textmarker.

6. _____ Bildschirm hängen keine Zettel.

7. Die Lampe ist _____ d_____ Tastatur.

Info:

an dem = am

9a

Wie heißen die Möbel? Ergänzen Sie auch Artikel und Plural.

Beispiel: rcShnak   *der Schrank   die Schränke*

1. aSof   _____

2. senKis   _____

3. pipTech   _____

4. geRla   _____

5. teBt   _____

6. luhSt   _____

7. cihsT   _____

9b

Evi muss ihr Zimmer aufräumen. Lesen Sie die Notizen von Evis Mutter und ergänzen Sie.

Hose auf Bett! ☹

Zettel auf Boden! ☹

Buch unter Pflanze! ☹

Jacke hinter Sofa! ☹

iPad zwischen Kissen! ☹

Tassen in Bücherregal! ☹

Info:

in / an / auf / hinter / vor / neben / über / unter / zwischen:

mit Dativ → Wo? → Er sitzt vor der Tür.
mit Akkusativ → Wohin? → Er setzt sich vor die Tür.

in das = ins
an das = ans

Beispiel: *Die* Hose liegt *auf dem Bett*. Evi hängt sie in den Schrank.

1. _____ Zettel liegen _____ _____ _____ . Evi legt _____ _____ _____ Schreibtisch.

2. _____ Buch liegt _____ _____ _____ . Evi stellt _____ _____ Regal.

3. _____ Jacke liegt _____ _____ . Evi hängt _____ über _____ Stuhl.

4. _____ iPad liegt _____ _____ . Evi legt _____ neben _____ Bett.

5. _____ Tassen stehen _____ _____ . Evi stellt _____ _____ _____ Küche.

9c

Was passt? Kreuzen Sie an.

	liegen / legen	stehen / stellen	hängen
Beispiel: Kuli	☒	☐	☐
Beispiel: Kleid	☒	☐	☒
1. Tasse	☐	☐	☐
2. Gabel	☐	☐	☐
3. Stuhl	☐	☐	☐
4. Bild	☐	☐	☐
5. Mantel	☐	☐	☐
6. Sofa	☐	☐	☐
7. Teppich	☐	☐	☐

Track 5

Hören Sie das Gespräch und antworten Sie.

Beispiel: Wo stehen die Schuhe von Paul? *Vor der Tür.*

1. Wohin soll Paul sie stellen? _____ .

2. Wo steht das Sofa? _____ Fenster, _____ Wand.

3. Wohin will Lea das Sofa stellen? _____ .

4. Wohin hat Lea das Smartphone von Paul gelegt? _____ .

5. Wo liegt das Smartphone? _____ , _____ Wörterbuch.

10a P

Lesen Sie den Artikel und kreuzen Sie an: a, b oder c?

Ordnung machen, aber wie?

Ordnung ist sehr wichtig. Ordnung in der Wohnung bedeutet auch mehr Ordnung im Leben.
Aufräumen kann aber auch langweilig sein und macht vielen Menschen keinen Spaß.

Hier ein paar Tipps:

» Es geht leichter mit System! Man kommt schneller zum Ziel und das Chaos hat keine Chance mehr. Planen Sie feste „Aufräumzeiten". Egal ob zehn Minuten oder eine halbe Stunde, jeden Tag oder zweimal pro Woche.

» Fangen Sie mit dem Boden an! Die Wohnung sieht sofort ordentlicher aus, wenn der Boden aufgeräumt ist.

» Sortieren Sie die Bücher in den Regalen nach einem bestimmten Ordnungssystem. Das kann alphabetisch oder nach Farben sein. Man kann sie auch nach Thema oder Größe ordnen. Das sieht nicht nur ordentlich aus, sondern spart auch viel Zeit beim Suchen.

» Und ein besonderer Tipp: Machen Sie zu zweit Ordnung! Das bringt Spaß, Motivation und oft auch mehr Erfolg. Sie können auch ein lustiges Spiel daraus machen: Wer räumt sein Zimmer schneller und ordentlicher auf?

1. Ordnung machen	a. ist immer viel Arbeit.	b. macht vielen Leuten Spaß.	c. ist sehr wichtig.
2. Mit System aufräumen	a. macht mehr Spaß.	b. funktioniert besser.	c. ist eine gute Planung.
3. Sortieren Sie Bücher	a. auf dem Boden.	b. nach einem System.	c. gemeinsam.
4. Aufräumen mit dem Partner	a. motiviert.	b. ist ein Spiel.	c. geht schneller.

10b P

Schreiben Sie einen Leserbrief zu dem Artikel (10a). Schreiben Sie 1-2 Sätze zu jedem Punkt.

Wie hat Ihnen der Artikel gefallen? Wie wichtig ist Ordnung für Sie? Haben Sie noch andere Ordnungs-Tipps?

Liebe Redaktion,

_____

_____

_____

_____

_____

  Track 6

Richtig schreiben. Ergänzen Sie: ng oder nk? Hören Sie zur Kontrolle.

der Schra____ , die Richtu____ , la____ , li____s, e____ , die Ba____ , der Anfa____ , das Gesche____ , die A____st

Lesen

1 Sechs Personen lesen im Internet Informationen zu Musikveranstaltungen. Lesen Sie die Aufgaben und die Anzeigen a bis f. Welche Anzeige passt zu welcher Person? Für eine Person gibt es keine Lösung (markieren Sie mit ⊠).

Strategie:

1. Aufgaben lesen.
2. Anzeigen lesen und markieren: Wo sind die Informationen, die Sie suchen? Markieren Sie.

a

Sommer-Familientheater

Wir zeigen „Pippi Langstrumpf"
in der Musical-Version von Otto Senn (Text)
und Rainer Bielfeldt (Musik).
Gute Unterhaltung für die ganze Familie!
Am Samstag und Sonntag um 16:00 Uhr.

b

RED LIVE GROUP

Die Gruppe verbindet Rock und Comedy mit technischen Effekten. Innovativ und kreativ. Am Samstagabend in der Tanzfabrik.

c

Breakdance

Die bekannte Breakdance-Gruppe Great Break ist
vom 25. bis 30. Juli zu Gast im Stadttheater.
Eine tolle Show erwartet Sie.

d

Klaviertrio

Der Klassikkurs der Musikhochschule gibt
am Mittwoch sein Schlusskonzert mit Werken von
Brahms und Schostakowitsch.
Im Kammermusiksaal. Beginn 20.00 Uhr.

e

Jazz im Stadtpark

Die Initiative „Jazz im Park" präsentiert
bekannte Jazzmusiker. Im Mittelpunkt
steht Musik von Swing bis Cool, aber
auch improvisierte Nummern und
Eigenkompositionen.
Jeden Samstagabend im Juli und August.

f

HIP HOP

Der New Yorker Musiker, Tänzer und Performance-Künstler KREE BEE, aufgewachsen mit den Sounds der 90er Jahre, kommt am 3. August in die Stadthalle! Kartenverkauf ab jetzt.

Beispiel

Die Veranstaltungen a, b und e sind am Wochenende, aber nur die Veranstaltung e findet draußen statt. Die richtige Antwort ist also e.

0. Hans möchte am Wochenende mit Freunden Musik hören und das schöne Wetter genießen.

Jetzt Sie

1. Jochen mag Technik und Rockmusik.
2. Irinas kleine Tochter liebt Musicals.
3. Lisa und Monika sind am 15. und 16. August in der Stadt und interessieren sich für modernen Tanz.
4. Nicks Tochter mag modernen Tanz und hat Anfang August Geburtstag. Er möchte mit ihr eine Veranstaltung besuchen.
5. Franziska liebt klassische Musik.

Hören

1 **Sie hören fünf kurze Texte. Sie hören jeden Text zweimal.**
Wählen Sie für die Aufgaben 1 bis 5 die richtige Lösung a , b oder c .

Beispiel *Track 7*

0. Wo will Mara ihren Freund Paul treffen?

a im Büro
b im Einkaufszentrum
c vor dem Kino

Strategie:

1. Aufgaben lesen und Schlüsselwörter markieren.
2. Texte hören und Antworten ankreuzen.
3. Texte noch einmal hören. Sind Ihre Antworten richtig?

Mara ist im Büro. Sie will Paul aber nicht dort treffen. → Antwort a ist falsch.

Sie hören:

Hi Paul. Ich bin's, Mara. Ich bin noch im Büro und bei mir wird es leider ein bisschen später, weil ich noch etwas für morgen fertig machen muss. Aber ich freue mich schon sehr auf den Film. Der Film kommt aber nicht im Gloria, sondern im Cineplex, dem neuen modernen Kino neben dem Einkaufszentrum. Am besten wartest du direkt vor dem Kino auf mich. Bis später! Küsschen.

Das Kino ist neben dem Einkaufszentrum.
→ Antwort b ist falsch.

Paul soll vor dem Kino warten.
→ Antwort c ist richtig.

Jetzt Sie *Track 8*

1. Wohin soll Ben den Brief legen?
   a auf das Sofa
   b auf den Schreibtisch
   c auf den Wohnzimmertisch

2. Wann tritt die koreanische Pianistin auf?
   a am Samstag um 21 Uhr
   b am Samstag um 20 Uhr
   c am Sonntag um 20:30 Uhr

3. Wie viel kostet die Karte für Ella?
   a 25 Euro
   b 7 Euro
   c 17 Euro

4. Was sucht die Band?
   a eine Sängerin
   b einen Sänger
   c einen Gitarristen

5. Wo beginnt die Tour?
   a vor dem Schloss
   b hinter dem Schloss
   c am Bahnhof

Tipp:

– Keine Panik! Sie hören jeden Text zweimal.
– Hören Sie bis zum Schluss. Die Antwort kann auch ganz am Ende kommen.

Schreiben

1   **Anrede und Gruß in informellen Nachrichten. Sortieren Sie.**

Hi | Bis gleich | Liebe / Lieber | Hallo | Bis dann | Liebe Grüße (lg / LG) | Bis Samstag | Küsschen

Anrede	Gruß

2   **Schreiben Sie eine SMS / eine kurze Nachricht.**

Beispiel

0. Sie schreiben an Ihre Freundin Mia eine SMS / eine Nachricht.

a. Schreiben Sie, dass Sie sie am Wochenende sehen möchten.
b. Schreiben Sie, warum Sie sie sehen möchten.
c. Schlagen Sie eine Uhrzeit und einen Treffpunkt vor.

Zu welchem Punkt passen die Notizen? Ordnen Sie zu.

am Hauptbahnhof [c]   am Samstag treffen [ ]   um fünf [ ]   im Café Central [ ]   am Sonntag besuchen [ ]
vor der Kirche [ ]   suche einen neuen Job [ ]   halb sechs [ ]   möchte Tipps von dir [ ]   an der Bushaltestelle [ ]

So kann die Nachricht aussehen:

> Hi Mia, hast du am Samstag Zeit? Ich suche einen neuen Job und möchte
> ein paar Tipps von dir. Um halb sechs im Café Central? LG, Conny
> 10.05 ✓✓

Tipp:

In einer SMS, WhatsApp-Nachricht etc.
schreibt man oft Sätze ohne Subjekt:
Möchte dich treffen. Bin am Bahnhof.

Jetzt Sie

1. Sie schreiben an Ihre Freundin Ella eine SMS / eine Nachricht. Schreiben Sie 20-30 Wörter.
   – Schreiben Sie, dass Sie zwei Tickets für ein Konzert mit den „Crazy Heroes" haben.
   – Fragen Sie, ob Ella auch zu dem Konzert kommen möchte.
   – Nennen Sie eine Uhrzeit und einen Treffpunkt.

_____

_____

Strategie:

Kontrollieren Sie: Haben Sie zu allen
drei Punkten etwas geschrieben?

Sprechen

In der Prüfung bekommen Sie Karten wie diese. Sie stellen zu jedem Thema eine Frage. Ihr Partner / Ihre Partnerin antwortet.

| Musik | Ordnung | Stadt | Ausland | Deutsch lernen |

1 **Welche Antwort passt? Verbinden Sie.**

1. Hörst du oft Musik?
2. Was für Musik magst du?
3. Spielst du ein Instrument?
4. Magst du Rockmusik?

a. Ja, fast jeden Tag.
b. Ja, ich spiele ein bisschen Klavier.
c. Nein, nicht so gern, die ist mir zu laut.
d. Ich liebe Jazz, aber auch klassische Musik.

2 **Sehen Sie die Karten an und schreiben Sie passende Fragen zu den Antworten.**

Machst du gern Ordnung? _____   Nein, ich räume nicht gern auf.

_____ ?   Nein, ich wohne in einem Dorf.

_____ ?   Ja, ich habe ein Jahr in Brasilien gelebt.

_____ ?   Weil ich Deutsch für den Beruf brauche.

3 **Schreiben Sie Antworten zu den Fragen.**

Wie sieht dein Arbeitsplatz aus? _____

Was ist deine Lieblingsstadt? _____

Möchtest du gern im Ausland arbeiten? _____

Seit wann lernst du Deutsch? _____

4 **Finden Sie selbst eine Frage zu jeder Karte.**

_____

_____

_____

5 **Fragen Sie jetzt Ihren Partner / Ihre Partnerin.**

Beispiel

A: Hast du schon mal im Ausland gelebt?   B: Ja, ich habe zwei Jahre in Mexiko gearbeitet.
   Echt? Toll!

Jetzt Sie

Üben Sie mit allen fünf Karten.

Tipp:
– Du oder Sie? Üben Sie beide Formen!
– Reagieren Sie auf Antworten:
  Interessant! / Aha. / Wirklich? / Ich auch. / …

1a

Was kaufen Sie wo? Sortieren Sie.

Info:

das Besteck, -e:
der Löffel, -
die Gabel, -n
das Messer, -

im Modegeschäft:

 das Kleid

in der Drogerie:

im Haushaltswarengeschäft:

1b

Beschreiben Sie ein Geschäft. Ihr Partner / Ihre Partnerin rät.

A: Wo bin ich? Hier gibt es Schmerztabletten und Zahncreme.
B: Du bist in der Drogerie, oder?
A: Nein, ich bin in der Apotheke.
    In der Drogerie gibt es keine Schmerztabletten.

2

Richtig schreiben: mit h oder ohne h? Ergänzen Sie.

1. a oder ah?	Schreibw___ren	Z___ncreme	Briefumschl___g
2. o oder oh?	M___degeschäft	___rring	Fl___markt
3. u oder uh?	Sch___geschäft	B___chladen	___r

3a

Ergänzen Sie den Dialog.

Kann man das Kleid waschen? | Ja, ich hätte gern ein Sommerkleid. | Haben Sie es auch in Rot? | Darf ich es anprobieren?

Verkäuferin: Guten Tag. Kann ich Ihnen helfen?

Kundin: _____

Verkäuferin: Dieses Kleid ist sehr schön, wie finden Sie es?

Kundin: Oh ja, das gefällt mir. _____

Verkäuferin: Ja, Moment … Hier ist noch eins in Größe 38.

Kundin: Wunderbar, das ist meine Größe. _____

Verkäuferin: Gern. Die Kabinen sind dort hinten.

Kundin: Ach, eine Frage noch: _____

Verkäuferin: Ja, sicher, das ist kein Problem.

Info:

waschen:
Die Waschmaschine
wäscht die Kleidung.

3b

Wie geht der Dialog weiter? Wer sagt was? (V = Verkäuferin / K = Kundin)

1. Gern. Die Kasse ist dort vorne. (*V*)

2. Ja, sehr gut. Ich nehme es. (   )

3. Kann ich mit Karte zahlen? (   )

4. Passt es? (   )

5. Prima, danke, auf Wiedersehen! (   )

6. Natürlich. (   )

3c

Sortieren Sie die Dialogteile aus 3b.

4				

3d

Spielen Sie einen anderen Dialog. Machen Sie zuerst Notizen.

Verkäufer/in:
- Guten Tag. Kann ich Ihnen helfen?
- Hier ist …
- Wie finden Sie …
- Passt …
- …

Kunde / Kundin:
- Ich suche / hätte gern …
- Haben Sie …
- Kann / Darf ich …
- Ich nehme …
- …

4

Ergänzen Sie dies- oder welch-.

1. A: *Dieser* Pullover ist schön.

   B: *Welchen* meinst du?

   A: da.

2. A: Parfüm riecht gut.

   B: Parfüm?

   A: hier. Riech mal!

3. A: Waschmaschine ist gut, glaube ich.

   B: ?

   C: da. Unsere Nachbarn haben sie und sind sehr zufrieden.

4. A: Haben Sie   Schuhe in Größe 40?

   B: denn?

   C: hier.

Lesen Sie den Text und beantworten Sie die Fragen.

Wer kauft was wo? 57% der Deutschen sagen, dass sie mehrmals in der Woche einkaufen, 32% kaufen einmal pro Woche ein. 82% kaufen Lebensmittel im Supermarkt, in den Bioladen gehen nur 12%.

Die Menschen haben immer weniger Zeit, deshalb gehen sie nicht mehr so oft ins Geschäft wie früher. Einkaufen im Internet geht schneller, deshalb kaufen vor allem junge Leute online. 48% der 14- bis 29-Jährigen kaufen Fernseher, Computer oder Smartphones im Web. Man kann die Preise besser vergleichen, auch deshalb ist der Internet-Einkauf beliebt. Lebensmittel und Pflanzen kaufen die Deutschen lieber im Geschäft, weil sie die Sachen wirklich sehen möchten.

Viele Menschen fahren auch gern in Einkaufszentren. Es gibt einen Parkplatz und man bekommt alles, deshalb sind sie sehr beliebt. In Einkaufszentren gibt es viele Geschäfte, aber auch Cafés und Restaurants, deshalb kann man dort auch seine Freizeit verbringen.

1. Warum gehen die Menschen nicht mehr so oft einkaufen? *Weil sie* _____
2. Warum kaufen junge Leute gern online? _____
3. Warum ist der Interneteinkauf noch beliebt? _____
4. Warum sind Einkaufszentren beliebt? _____

Wo ist der Grund? Markieren Sie wie im Beispiel und schreiben Sie die Sätze anders.

Beispiel: Wir fahren ins Einkaufszentrum, weil wir viele Sachen brauchen.
Wir brauchen viele Sachen, deshalb fahren wir ins Einkaufszentrum.

1. Ich habe Kopfschmerzen. Deshalb muss ich zur Apotheke.

Ich muss zur Apotheke, weil ich _____ .

2. Ich brauche eine Briefmarke, weil ich Tante Anna einen Brief geschrieben habe.

_____ .

3. Wir kaufen eine neue Spülmaschine, weil unsere alte Spülmaschine kaputt ist.

_____ .

4. Ich habe kein Papier mehr. Deshalb muss ich in den Schreibwarenladen.

_____ .

5. Die Sonne scheint. Deshalb brauche ich eine Sonnencreme.

_____ .

Ergänzen Sie von, bis, um, vor, nach, zwischen.

Eva
1.
Hallo Jan, ich arbeite heute _____ sieben. Kannst du einkaufen? Kuss, Eva
12:24

Jan
2.
Ich habe _____ sechs eine Besprechung. _____ dem Termin habe ich aber Zeit, ich kann _____ vier und sechs in den Supermarkt.
12:30

Eva
3.
Super. Nicht vergessen: _____ acht kommen Julia und Piet. Komm pünktlich nach Hause!
12:32

Jan
4.
Hab ich nicht vergessen, bin pünktlich da, aber _____ sieben schaffe ich es nicht, tut mir leid.
12:35

Eva
5.
Prima, sieben ist früh genug. Ich komme direkt _____ der Arbeit nach Hause, bin also spätestens _____ Viertel _____ sieben da.
12:37

8a

Ergänzen Sie den Terminplan mit Ihren Terminen von morgen.

9:00	14:00
10:00	15:00
11:00	16:00
12:00	17:00
13:00	18:00

  8b **P**

Sie möchten morgen mit Ihrem Partner / Ihrer Partnerin einkaufen gehen. Finden Sie einen Termin.

A: Was machst du um …?
Hast du zwischen … und … Zeit?
Geht es nach …?

B: Da muss ich …
Nein, leider nicht. Aber ich kann ab / nach / vor …
Ja, das passt.

 9

Vor oder seit? Markieren Sie.

Beispiel: Das Geschäft gibt es seit / vor 10 Jahren.
1. Seit / Vor drei Jahren gehört es Herrn Aksoy.
2. Herr Aksoy hat seit / vor einem Jahr neue Regale gekauft.
3. Er kommt jeden Tag seit / vor 7:00 Uhr ins Geschäft.
4. Seit / Vor sechs Monaten kann man auch online einkaufen.

  10a **P** *Track 9*

Hören Sie den Dialog und kreuzen Sie an: richtig oder falsch.

	richtig	falsch
1. Die Frau hat einen Schal bestellt.	☐	☐
2. Die Frau hat den Schal bekommen.	☐	☐
3. Die Frau hat die Jacke nicht bekommen.	☐	☐
4. Sie muss den Schal noch einmal bestellen.	☐	☐

 10b

Hören Sie den Dialog noch einmal und ergänzen Sie den Text.

A: Lima Moden, Online-Verkauf. _____.
B: Guten Tag. Ich habe vor drei Wochen einen Schal _____, aber er ist immer noch nicht da. Was ist da passiert?
A: Geben Sie mir bitte Ihre _____?
B: Ja, Moment … 34598921.
A: Ich kann keine Bestellung finden. Sie haben zuletzt eine rote _____ bei uns gekauft.
B: Das ist richtig. Die Jacke habe ich auch bekommen. Aber den _____ leider nicht.
A: Das tut mir sehr leid. Bitte bestellen Sie den Schal noch einmal per Internet.
B: Kann ich ihn gleich direkt bei Ihnen _____?
A: Nein, das ist leider nicht möglich.
B: Oh. Gut, dann bestelle ich den Schal noch einmal online. _____. Auf Wiederhören.

Ergänzen Sie die Verben im Imperativ.

anfangen | sagen | geben | eingeben | ~~zumachen~~ | helfen | gehen | losfahren | auspacken | stellen | aufstellen

1. A: **Mach** den Laden **zu**, ich will nach Hause!

   B: Aber an der Tür steht, dass wir erst um 18:30 Uhr schließen!

   A: Die Leute können zu Doğan an der Ecke gehen. Er hat geöffnet.

   B: Ach nein, das finde ich blöd. _____ schon mal _____, ich bleibe noch.

   Info:

   schließen = zumachen

   öffnen = aufmachen

2. A: Möckler Bank AG, guten Tag, wie kann ich Ihnen helfen?

   B: Ich möchte eine Online-Überweisung machen. _____ _____ mir bitte, ich habe da keine Erfahrung.

   A: Ja, ganz einfach. _____ _____ auf unsere Seite und _____ _____ Ihr Passwort _____.

   B: Gut. Mein Passwort ist …

   A: Nein, nein, _____ _____ Ihr Passwort niemandem! Auch mir nicht!

3. A: Los, ihr zwei! _____ die Tische _____! _____ die Sachen _____! Es ist zehn vor acht!

   B: Ich liebe Flohmärkte! Hoffentlich verkaufen wir viel!

   A: Ja, ja … _____ jetzt _____! Ab acht kommen die Kunden.

   C: _____ mir mal die Kamera, ich mache ein Foto von unserem Stand.

   A: Ihr macht mich echt verrückt. _____ jetzt die Sachen auf die Tische!

12

Ergänzen Sie mir oder dir.

Lieber Andreas,

schön, dass **dir** meine Sachen gefallen! Ich schicke _____ gern ein paar Angebote. Schau sie _____ in Ruhe an und schreib _____ dann, was ich _____ schicken soll. Das Geld kannst du _____ online überweisen. Ich empfehle _____ auch meine neuen Sportsachen. Die Qualität ist wirklich sehr gut.

Viele Grüße

Benjamin Glückskind

13

Ergänzen Sie die Artikel im Dativ und Akkusativ.

Beispiel: Herr Maier schickt **den** Kunden **die** Rechnungen.

1. Der Vater überweist _____ Tochter _____ Geld.

2. Die Verkäuferin hat _____ Kundin _____ Pullover empfohlen.

3. Jonas schreibt _____ Online-Verkäufer _____ dritte E-Mail.

4. Ich verkaufe _____ Nachbarin _____ Auto.

5. Ich zeige _____ Verkäuferin _____ Schuhe.

6. Die Kollegen haben _____ Chef _____ neue Buch von der Bestsellerliste gekauft.

Lesen Sie die Texte. Welche Anzeige passt?

1. Rita sucht ein Kleid für eine Party.   Anzeige
2. Gerd sucht ein Geburtstagsgeschenk für seine Freundin.   Anzeige
3. Britta hat zu einer Kochparty eingeladen. Kia möchte etwas mitbringen.   Anzeige
4. Die Eltern von Jochen feiern ihren 30. Hochzeitstag. Jochen möchte Blumen kaufen.   Anzeige

A

Mit unseren Küchenartikeln
macht das Kochen, Essen und Feiern
ganz besonders viel Spaß.
Bei uns findest du alles von A bis Z!

B

Hier findest du Taschen, Kleidung und vieles
mehr. Besuche unseren Online-Shop!

C

Bringen Sie Ihren Lieben
den Frühling ins Haus!

D

Besondere Geschenke für den Partner oder
die Partnerin, den besten Freund oder die
Schwester – hier findest du Besonderes für
deine Liebsten.
Zeigt, dass ihr zusammen seid!

Ordnen Sie die Informationen und schreiben Sie eine SMS / Nachricht.

Jochens Hilfe (a) – Einladung zum Abendessen (b) – Einkaufszentrum (c) – Computer kaufen (d) – Computer kaputt (e) – 16:00 Uhr (f)

1. Was für ein Problem hat Hanna? _e_   3. Was möchte sie? ___   5. Wo? ___
2. Was muss sie machen? ___   4. Wann? ___   6. Was bietet sie Jochen als Dankeschön an? ___

Lieber Jochen, hast du morgen Zeit? Ich habe ein Problem:_____

_____

_____

Liebe Grüße, Hanna

Jochens Antwort. Schreiben Sie die SMS / Nachricht.

bis 16:00 Uhr arbeiten – um 16:30 Uhr treffen – leider keine Zeit für Abendessen

Liebe Hanna,_____

_____

Jochen

 1

Sehen Sie die Bilder an. Wie fühlen sich die Personen? Sprechen Sie mit Ihrem Partner / Ihrer Partnerin.

Ich glaube / denke …
Das ist ihm / ihr unangenehm / peinlich / egal / …
Das macht ihm / ihr nichts aus.
Er / Sie findet die Situation blöd / normal / lustig / …
Er / Sie ist irritiert / böse / gestresst / froh / …
Was denkst / meinst du?

 2a

Was ist gleich?

1. Das ist euch peinlich.
2. Da ist es dir nicht gut gegangen.
3. Das ist uns egal.
4. Das macht ihnen nichts aus.
5. Das ist ihm nicht angenehm.

a. Das ist kein Problem für uns.
b. Das ist euch unangenehm.
c. Das gefällt ihm nicht.
d. Das finden sie nicht schlimm.
e. Da hast du dich nicht gut gefühlt.

Info:
....
Das ist nicht schlimm. =
Das macht nichts. =
Das ist kein Problem.
....

 2b

Markieren Sie die Dativpronomen in 2a und ergänzen Sie die Tabelle.

Personalpronomen im Dativ			
ich	*mir*	wir	
du		ihr	
er		sie / Sie	
sie	*ihr*		
es	*ihm*		

 2c

Carlo sitzt mit seinen Eltern im Café. Schreiben Sie die Sätze anders.

Info:

....
Er gibt dem Baby einen Kuss.
= Er küsst das Baby.
....

Beispiel: Die Eltern haben dem Sohn ein Auto gekauft. *Sie haben ihm ein Auto gekauft.*

1. Der Sohn schenkt den Eltern ein Bild. _____

2. Das Bild gefällt der Mutter sehr. _____

3. Die Mutter gibt dem Sohn fünf Küsse. _____

4. Die Küsse sind dem Sohn peinlich.

Ergänzen Sie.

Beispiel: Er hilft dir immer. Warum hast du *ihm* nicht geholfen?

1. Wir essen sehr gern Schokolade. Sie macht dick, aber sie schmeckt   einfach zu gut.
2. Ihr wollt Urlaub in Wien machen? Ich gebe   die Adresse von meinem Lieblingscafé.
3. Mama hat bald Geburtstag. Was wollen wir   dieses Jahr schenken?
4. Ich habe Linus zur Party eingeladen. Er hat   aber noch nicht geantwortet.
5. Der Tisch ist zu schwer für eine Person. Wart mal, ich helfe   .

Lesen Sie den Text und kreuzen Sie an: a, b oder c?

Distanzverhalten und Körperkontakt
Unterschiedliche Kulturen haben unterschiedliche Distanzzonen.

Menschen aus Südamerika ist viel Körperkontakt normalerweise nicht unangenehm. Sie reagieren irritiert, wenn Nordamerikaner, Japaner oder auch Nordeuropäer es nicht angenehm finden, dass Lateinamerikaner auch Fremde umarmen und küssen. Ein Puerto Ricaner berührt rund 180 Mal pro Stunde seinen Gesprächspartner. Für einen Briten ist das 180 Mal zu oft.

Auch für Deutsche ist Distanz wichtig. Im Aufzug oder in der Bahn schauen viele auf den Boden, aus dem Fenster oder an die Wand, weil ihnen Augenkontakt unangenehm ist. Die persönliche Distanzzone ist etwa 1,5 Meter nach vorne und nach hinten. Zur Seite ist die Distanz etwas kleiner.

Im beruflichen Alltag beträgt die Distanzzone ca. drei Meter. Deutsche fühlen sich schnell unwohl, wenn Personen ihnen zu nahe kommen. Nur Familienmitglieder und Freunde dürfen natürlich näher kommen.

1. Südamerikaner finden es normal,
   a. dass Nordeuropäer, Japaner und Nordamerikaner wenig Körperkontakt haben.
   b. dass Nordeuropäer, Japaner und Nordamerikaner Fremde küssen.
   c. dass sie viel Körperkontakt haben.

2. Deutsche
   a. fahren nicht gern Aufzug.
   b. mögen keinen Augenkontakt mit Fremden.
   c. schauen immer an die Wand.

3. Die persönliche Distanzzone
   a. ist kleiner als die Distanzzone im Beruf.
   b. ist heute wichtiger als früher.
   c. bedeutet Körperkontakt.

Info:
....
rund 180 Mal = zirka 180 Mal
....

Fragen Sie Ihren Partner / Ihre Partnerin.

Deutsch sprechen – vor vielen Leuten sprechen – eingekauft, aber Portmonee vergessen – Geburtstag vergessen – Freund / Freundin eingeladen, aber nicht genug Geld dabei – eine Person nach dem Weg fragen …

A: Du musst Deutsch sprechen.
   Ist dir das unangenehm / peinlich?

   Das finde ich sehr unangenehm.
   Das ist mir egal. / doch normal.
   Das finde ich nicht so schlimm, aber …

B: Ja, das ist mir furchtbar peinlich.
   Nein, das macht mir nichts aus.
   Das ist kein Problem für mich.
   Und du? Du hast / musst / möchtest … Wie fühlst du dich?

5

Beim ... Schreiben Sie fünf Sätze.

Auto fahren – joggen – frühstücken – kochen – lernen – arbeiten – Musik machen ...
eine Brille / Sportschuhe tragen – Zeitung lesen – konzentriert / glücklich / gestresst sein – schnell müde werden – Musik hören ...

Beim Autofahren trage ich eine Brille. Beim Lernen

6a

Wann sind Sie glücklich? Schreiben Sie fünf Beispiele auf Zettel.

– beim Spazierengehen

– beim Musikhören

– ...

6b

Vergleichen Sie mit Ihren Kurskollegen / Kurskolleginnen. Machen Sie eine Kursstatistik.

7

Richtig schreiben: ss oder ß?

Beispiel: Ku*ss*   2. Fu▢   4. Ka▢e   6. Grö▢e
1. Gru▢   3. Schlo▢   5. Pa▢   7. bi▢chen

8   *Track 10*

Fremdschämen. Hören Sie das Interview und kreuzen Sie an: richtig oder falsch.

	richtig	falsch
1. Frau Dussmann hat einen Arzttermin.	▢	▢
2. Frau Dussmann schämt sich, dass sie nie pünktlich ist.	▢	▢
3. Frau Dussmann macht es etwas aus, dass Leute laut im Bus telefonieren.	▢	▢
4. Frau Dussmann ärgert sich, dass sie immer im Bus stehen muss.	▢	▢

9a

Was passt? Verbinden Sie.

1. Ich lade Tina und Tom zur Party ein.
2. Es ist schon spät.
3. Leo hat Lina nicht angerufen.
4. Findet ihr das Geschenk nicht schön?
5. Warum macht Peter so etwas?
6. Ich habe deinen Geburtstag vergessen!
7. Ich komme nicht mit zur Party.

a. Oder warum habt ihr euch nicht bedankt?
b. Sie ärgert sich.
c. Ich fühle mich nicht so gut.
d. Du musst dich beeilen.
e. Sie freuen sich bestimmt.
f. Kann er sich nicht benehmen?
g. Ich schäme mich so.

Wo passt „sich"? Ergänzen Sie.

Beispiel: _sich_ freuen
Beispiel: _-_ lernen
1. _____ ärgern
2. _____ beeilen
3. _____ nehmen

4. _____ schämen
5. _____ arbeiten
6. _____ wohlfühlen
7. _____ bedanken
8. _____ halten

9. _____ benehmen
10. _____ schenken
11. _____ weggehen
12. _____ verhalten

Tipp:

Lernen Sie die reflexiven Verben so:
sich freuen → Ich freue mich.

Ergänzen Sie die Tabelle.

Reflexivpronomen			
ich		wir	
du		ihr	
er	sich	sie / Sie	sich
sie			
es			

Info:

er / sie / es; sie / Sie → sich
alle anderen Reflexivpronomen: wie Akkusativpronomen

Schreiben Sie die Sätze richtig.

Beispiel: Ich schäme uns.   _Ich schäme mich._

1. Sie bedanken ihnen.   _____

2. Er freut ihn.   _____

3. Ihr benehmt sich schlecht.   _____

4. Sie fühlt sie sehr wohl.   _____

5. Wir ärgern sich.   _____

10

Wie heißen die Körperteile und was macht man damit? Ergänzen Sie.

~~Fuß~~ | Nase | Bein | Ohr | Hand | Arm | Mund | Auge | Kopf
essen | ~~hören~~ | laufen | denken | riechen | schreiben | sehen

der Fuß

hören

11

Wie können Menschen sein? Finden Sie acht Adjektive.

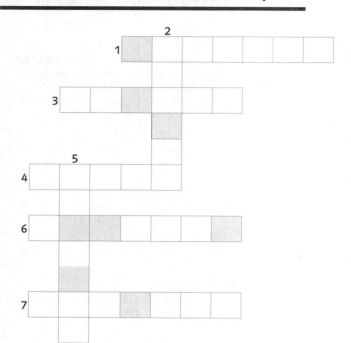

1. schick, gut angezogen
2. witzig, lacht gern
3. sieht gut aus
4. nicht verheiratet
5. Man kann ihm / ihr vertrauen.
6. hat viele Ideen
7. nicht dick

Lösungswort: v ☐ ☐ ☐ ☐ ☐ t

12a

Fünf Personen suchen einen Partner oder eine Partnerin. Lesen Sie die Anzeigen a – e .
Welche Anzeige passt zu wem? Für eine Person gibt es keine Lösung. Markieren Sie so ☒ .

a

Motto: **Reisen und Kultur**

Miriam (33): Ich habe lange dunkle Haare, meine Augen sind grün und ich habe ein sympathisches Lachen. Ich reise sehr gern und gehe gern ins Theater. Und du? Liebst du auch tolle Reisen? Und magst du auch klassische Musik? Dann melde dich einfach unter Travelfun@gmx.de. Vielleicht können wir zusammen eine Reise machen oder ins Konzert gehen.

b

Motto: **Abenteuer, fertig, los!**

Tina (35): Meine Freunde finden mich ziemlich verrückt. Ich habe bunte Haare und lebe mit fünf Katzen in einem Baumhaus. Ich suche immer wieder ein neues Abenteuer und mein Leben darf nie langweilig sein. Liebst du auch verrückte Dinge und magst interessante Leute? Ich freue mich auf Mails an baumhauskatze@web.de

c

Motto: *Sport ist alles!*

Jonas (38): Ich bin sehr sportlich, groß und schlank und habe kurze blonde Haare. Sport ist mein Leben: Ich spiele Tennis und Volleyball, jogge und schwimme. Beim Lesen oder Fernsehen langweile ich mich. Ich muss immer aktiv sein und suche eine sportliche Partnerin. Bist du auch so aktiv? Dann schreib mir schnell, ich kann nicht warten. sportsman@yahoo.de

d

Motto: **Mal aktiv – mal ruhig**

Michael (31). Ich bin nicht sehr groß, habe braune Augen und lange blonde Haare. Ich bin gern aktiv, aber ich chille auch gern. An einem Tag findest du mich in der Natur beim Joggen. Und an einem anderen Tag liege ich auf dem Sofa, lese ein spannendes Buch und höre romantische Musik. Und du? Bist du eine aktive oder romantische Person? Ich freue mich auf deine Nachricht. Michi167@gmail.com

e

Motto: Raus in die Natur

Ben (32). Sport ja, aber nur draußen in der Natur. Ich liebe die Natur und bin jede freie Minute im Grünen. Ich jogge gern, aber noch lieber sitze ich auf einer Bank im Park. Dort genieße ich einfach die Ruhe oder lese ein gutes Buch. Gefällt dir die Natur genauso gut wie mir? Dann schreib mir: naturpur@web.de

1. Monas Hobbys sind Sport, Lesen, aber auch Chillen. ☐
2. Tim liebt Abenteuer und träumt von einem Leben in der Natur, aber ohne Haustiere. ☐
3. Mara ist ein Naturfan. ☐
4. Für Mira ist nichts wichtiger als Sport. ☐
5. Ole ist ein Klassikfan, er reist gern und geht gern ins Theater und in Konzerte. ☐ .

 12b

Ergänzen Sie.

Beispiel: Die Haare von Tina sind bunt.

1. Michaels Augen sind _____ .
2. Tinas Freunde sagen, dass sie eine ziemlich _____ Person ist.
3. Miriam hat _____ Augen.
4. Jonas' Partnerin soll _____ sein.
5. Miriams Haare sind _____ und _____ .
6. Tina möchte kein _____ Leben.
7. Ben mag _____ Bücher.

Info:

Michaels Augen = die Augen von Michael

 12c

Fragen Sie Ihren Partner / Ihre Partnerin. 👥

A: Wie findest du Miriam?
   Wie gefällt dir Jonas?

B: Ich finde sie interessant / sympathisch / langweilig / cool …
   Er gefällt mir gut. / nicht (so gut).
   Ich mag sportliche / romantische / spontane / ruhige Männer / Frauen / Leute.
   Und du? Magst du …?

 12d **P**

Welche Anzeige interessiert Sie? Schreiben Sie eine Mail (ca. 40 Wörter).

Schreiben Sie auch etwas zu diesen Punkten:

– Was sind Ihre Hobbys?
– Sind Sie aktiv oder ruhig? Was ist im Moment wichtig für Sie?
– Haben Sie ein Motto? Haben Sie Träume?

Lesen

1 Sie lesen die Informationstafel in einem Einkaufszentrum. Lesen Sie die Aufgaben 1 bis 5 und den Text. In welchen Stock müssen Sie gehen? Wählen Sie die richtige Lösung a, b oder c.

Einkaufszentrum Nord

3. Stock:	Kinderwelt Essen und Trinken: Pizzeria, Café, Burger, Süßes zum Mitnehmen
2. Stock	Elektronik: Haushaltsgeräte, Computer, Fernseher, Unterhaltungselektronik Friseur Bücher, Zeitschriften
1. Stock	Damen-, Herren- und Kinderbekleidung Schuhe Schmuck Drogerie, Kosmetikartikel Essen und Trinken: Restaurant, Café
Erdgeschoss	Information Lebensmittel: Bäcker, Supermarkt, Wurst- und Fleischwaren. Sport: Sport-Fritz / Kletterwand Zigaretten und Zeitungen
Untergeschoss	Tiefgarage

Strategie:

Strategie
1. Aufgaben lesen
2. Text lesen: Wo sind die Informationen, die Sie suchen?

Beispiel

0. Sie möchten am Sonntag ein Hähnchen und Salat machen.
   - a Untergeschoss
   - b Erdgeschoss *(angekreuzt)*
   - c anderer Stock

Im Erdgeschoss gibt es einen Supermarkt und Wurst- und Fleischwaren. Die richtige Antwort ist also b .

Jetzt Sie

1. Sie möchten Ihrem Freund einen Tennisschläger schenken.
   - a 3. Stock
   - b Erdgeschoss
   - c anderer Stock

2. Sie möchten sich die Haare schneiden lassen.
   - a 2. Stock
   - b 1. Stock
   - c anderer Stock

3. Sie haben Hunger und brauchen eine Pause.
   - a Untergeschoss
   - b 2. Stock
   - c anderer Stock

4. Sie möchten eine Spülmaschine kaufen.
   - a 1. Stock
   - b Erdgeschoss
   - c anderer Stock

5. Ihre Freundin hat Geburtstag. Sie liebt Parfüm.
   - a 1. Stock
   - b Erdgeschoss
   - c anderer Stock

Hören

1 **Sie hören ein Gespräch. Sie hören den Text einmal. Wer hat was gekauft? Wählen Sie ein passendes Bild.**

	Beispiel: 0	1	2	3	4	5
Personen:	Bea	Tom	Frank	Beas Vater	Michael	Tina
Lösungen:	e					

Strategie:

1. Bilder ansehen.
2. Text hören und Lösungsbuchstaben in die Tabelle schreiben.

Beispiel *Track 11*

Sie hören:

Tom: Hallo Bea! Gut siehst du aus, geht es dir wieder besser?

Bea: Ah, hallo Tom! Ja, danke. Ich war gerade in der Apotheke und habe Tabletten gekauft.
Ich will ja heute Abend fit sein fürs Shoppen! Paula will mit mir in den neuen Schuhladen.
Dort gibt es im Moment tolle Schuhe im Angebot.

Bea hat Tabletten gekauft. Paula und Bea gehen erst heute Abend in den Schuhladen. → Lösung e ist richtig

Tipp:

– Sie hören jeden Text nur einmal.
  Hören Sie genau zu.
– Sie können jedes Bild nur einmal wählen.
  Drei Bilder bleiben übrig.

Jetzt Sie *Track 12*

a

b

c

d

e

f

g

h

i

Schreiben

1 **Was steht oft in einer Nachricht? Sammeln Sie Ideen.**

Anrede: Liebe/r … / Hi, … / _____

Entschuldigung: Bitte sei nicht böse, aber … / _____

Grund: muss länger arbeiten / habe einen wichtigen Termin / _____

Bitte: Ich habe eine Bitte … / _____

Vorschlag: Wollen wir vielleicht … / _____

Dank: _____

Gruß: _____

2 **Schreiben Sie eine SMS / eine kurze Nachricht.**

Beispiel

0. Sie können ein Buch in einem Buchladen nicht abholen und schreiben eine SMS / eine Nachricht an Ihren Freund Marco.
   – Schreiben Sie, dass Sie das Buch nicht abholen können.
   – Schreiben Sie, warum.
   – Bitten Sie ihn, dass er das Buch für Sie abholt und abends zum Sport mitbringt.

Machen Sie zuerst Notizen zu jedem Punkt:

Wem schreiben Sie die Nachricht? _____   Schreiben Sie du oder Sie? _____

Was ist Ihr Problem? _____

Was möchten Sie? _____

So kann die Nachricht aussehen:

> Hi Marco, ich habe ein kleines Problem. Ich habe bei Bücher-Valentin ein Buch bestellt, aber kann es nicht abholen - habe Besuch von meiner Mutter. Machst du das für mich und bringst das Buch mit zum Sport? Tausend Dank! - Holger

Tipp:

W-Fragen helfen Ihnen:
Wer? Was? Wem? Für wen? Wann? …
Machen Sie Notizen.

Jetzt Sie

1. Sie können heute nicht mit Ihrer Freundin Petra shoppen gehen und schreiben ihr eine Nachricht.
   Schreiben Sie 20-30 Wörter und schreiben Sie zu allen drei Punkten.
   – Schreiben Sie, dass Sie nicht kommen können.
   – Schreiben Sie, warum.
   – Fragen Sie, ob Sie an einem anderen Tag shoppen gehen können. Schlagen Sie einen Termin vor.

_____

_____

Sprechen

 Sie bekommen eine Karte und erzählen etwas über Ihr Leben.
Der Prüfer / die Prüferin stellt dann noch zwei bis drei Fragen. 👥

Strategie:

1. Karte in Ruhe lesen.
   Sie dürfen sich die Zeit nehmen!
2. Stichwörter zu jeder Frage überlegen.

Beispiel

0.

Supermarkt an der Ecke
Bäcker

Was für Geschäfte?   Was für Dinge?

Lebensmittel, Brot,
Bücher

Gehen Sie gern einkaufen?

fast jeden Tag
einmal im Monat: Einkaufszentrum
nehme mir Zeit

Wie oft?   Preise?   kann nicht alles kaufen

Das könnten Sie sagen:

Ich kaufe fast jeden Tag Lebensmittel im Supermarkt ein. Er ist an der Ecke, also nicht weit weg. Auch zum Bäcker gehe ich fast jeden Tag. Das Brot im Supermarkt schmeckt nicht so gut. Ins Einkaufszentrum fahre ich nicht so oft, nur zirka einmal im Monat. Aber dann nehme ich mir viel Zeit und spaziere langsam durch die Geschäfte. Leider kann ich nicht alles kaufen, was mir gefällt. Aber Sachen anschauen, das macht auch Spaß. Besonders gern gehe ich in Buchläden, ich liebe Bücher.

Das könnte der Prüfer / die Prüferin noch fragen:
1. Fahren Sie mit dem Bus oder mit dem Auto ins Einkaufszentrum?
2. Sie sagen, Sie lieben Bücher. Was für Bücher schauen Sie sich denn besonders gern an?

Das könnten Sie antworten:
1. Mit dem Bus, ich habe kein Auto.
2. Am liebsten Bücher über Fotografie, das finde ich sehr interessant. Oder auch Kunstbücher. Und Kochbücher!

Jetzt Sie

1.

Sport?   Familie?

Was macht Sie glücklich?

Hobbys?   Arbeit?

Sammeln Sie zuerst Stichwörter. Sprechen Sie dann. Ihr Partner / Ihre Partnerin hört zu. Tauschen Sie dann die Rollen.

Zum Schluss überlegen Sie noch eine Frage zu dem Thema und fragen Sie Ihren Partner / Ihre Partnerin.

1

Ergänzen Sie die Wörter.

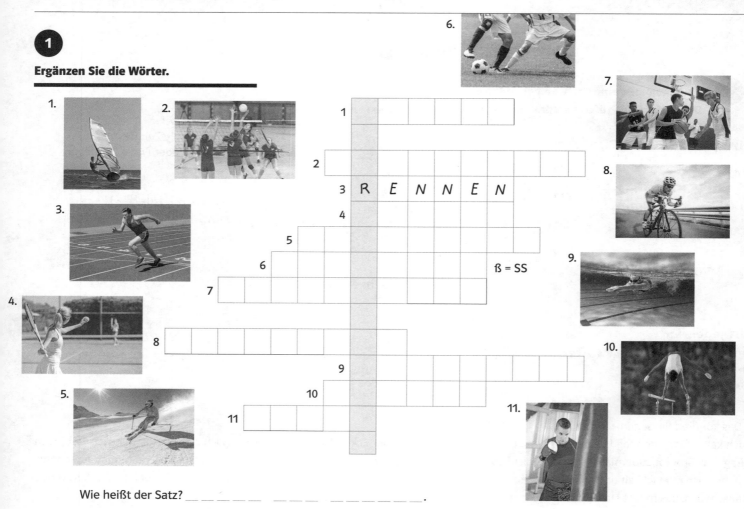

3 R E N N E N

ß = SS

Wie heißt der Satz? _ _ _ _ _ _ _ _ _ _ _ _ _ _ _ _ _ _ _.

2a

Wer ist wer? Schreiben Sie die Namen.

Peter ist größer als Louis. Jan ist kleiner als Peter.
Lisa ist genauso groß wie Jan.

_____   _____   _____   _____

2b

Lisa, Peter, Louis oder Jan? Ergänzen Sie.

1. _____ ist am kleinsten.

2. _____ ist am größten.

3. _____ ist wahrscheinlich am ältesten.

4. Die Haare von _____ sind am längsten.

2c

Ergänzen Sie die Tabelle.

	Komparativ	Superlativ
	größer	
schön		
		am jüngsten
	älter	
klein		
	häufiger	
		am besten
viel		

Info:

Achtung – unregelmäßig:

gut – besser – am besten
gern – lieber – am liebsten
viel – mehr – am meisten

 3a

Ein Fußballkommentar. Ergänzen Sie als und genauso ... wie.

Müller ist schnell, er ist schneller _____ Frankl, aber er ist ja auch fünf Jahre jünger _____ Frankl. Und da kommt Heimann! Er ist kleiner _____ Müller, aber _____ schnell _____ er. Und er bekommt den Ball. Und er rennt! Er läuft schneller _____ alle anderen. Er schießt, aber Schulz hält. Er ist _____ gut _____ Maier. Trainer Vogt hat wieder einmal alles richtig gemacht. Schulz war die beste Wahl. Er hält die Bälle _____ sicher _____ Maier und er ist _____ fit _____ er.

 3b *Track 13*

Hören und vergleichen Sie zur Kontrolle.

 4

Machen Sie Vergleiche in Ihrer Gruppe. Schreiben Sie fünf Sätze.

... ist genauso groß / alt / ... wie   ... ist größer / jünger / älter / ... als   ... ist am jüngsten / ältesten / größten.
                                              ... spricht lauter / leiser als   ... wohnt am längsten in ...

 5a

Beantworten Sie die Fragen.

Welchen Sport machen Sie? _____

Warum machen Sie diesen Sport? _____

Wie oft machen Sie diesen Sport? _____

 5b

Fragen Sie jetzt Ihren Partner / Ihre Partnerin.

A: Welchen Sport machst du?   B: Ich spiele Fußball.
    Ich auch! Wie oft spielst du?   Ziemlich oft, zirka dreimal pro Woche.

Track 14

Ergänzen Sie die Endungen. Hören Sie dann das Interview zur Kontrolle.

Reporter: Magst du uns deine Mannschaft mal vorstellen?

Trainer: Ja sicher. Also, Timo, das ist der klein____ Junge, vorne rechts, er ist ein begabt____ Spieler.
Und da, Lars, das ist der dunkelhaarig____ Junge vorn, ist ein schnell____ Spieler.

Reporter: Aha! Und wer spielt im Tor?

Trainer: Das ist Paul, der blond____ Junge in der Mitte vorn. Er ist ein sicher____ Torwart.

Reporter: Aber es spielen auch Mädchen in der Mannschaft, oder?

Trainer: Ja, sicher: Da, Layla, das groß____ Mädchen, ist eine fantastisch____ Fußballerin.
Es ist eine jung____, lustig____ Mannschaft, sie sind eine toll____ Gruppe. Wir haben viel Spaß!

Reporter: Und ihr Trainer? Spielt ihr auch Fußball?

Trainer: Ja, klar. Mein Kollege ist seit Jahren ein erfolgreich____ Trainer. Ich mache das noch nicht so lange.
Aber wir waren beide aktiv____ Fußballspieler.

6b

Ergänzen Sie die Tabelle.

der klein____ Junge	ein klein____ Junge
das groß____ Mädchen	ein groß____ Mädchen
die jung____ Mannschaft	eine jung____ Mannschaft
die aktiv____ Spieler	aktiv____ Spieler

Tipp:

der neue Ball – ein neuer Ball
das rote Auto – ein rotes Auto

6c

Schreiben Sie Sätze.

Beispiel: Mädchen – blond – läuft schnell *Das ist ein blondes Mädchen. Das blonde Mädchen läuft schnell.*

1. Fußball – neu – war teuer

_____

2. Auto – rot – gehört dem Weltmeister

_____

3. Tänzerin – gut – ist meine Frau

_____

4. Spieler – jung – trainieren hart

_____

7a

Info:

sich umziehen
= andere Kleidung anziehen

Was soll man nach dem Sport machen? Schreiben Sie Sätze zu den Bildern.

_____   _____   *Man soll sich umziehen.*

7b

Ergänzen Sie die Tabelle.

sollen	
ich *soll*	wir *sollen*
du	ihr
er / sie / es	sie / Sie

 8

Wie soll der Deutschkurs sein? Was soll der Lehrer / die Lehrerin machen? Sprechen Sie in der Gruppe.

Der Unterricht soll … sein.
Der Lehrer / Die Lehrerin soll immer / oft / nie …
Die Lerner und Lernerinnen sollen (nicht) …

 9a   *Track 15*

Wie geht das Spiel? Hören Sie und kreuzen Sie an: richtig oder falsch.

	richtig	falsch
1. Man spielt in der Gruppe.	☐	☐
2. Jeder Spieler bekommt vier Karten.	☐	☐
3. Es gibt Karten mit Buchstaben und leere Karten.	☐	☐
4. Man muss die Karten immer wieder auf den Tisch legen.	☐	☐
5. Am Ende müssen alle Karten weg sein.	☐	☐

Kennen Sie das Spiel? Wie heißt es in Ihrem Land?

 9b

Schreiben Sie Sätze mit wenn, dann.

1. Die Person hat das richtige Wort zum Bild. Sie darf die Karten behalten.

Wenn _____ hat,

dann darf sie _____ .

2. Die Karten passen nicht. Man muss sie wieder auf den Tisch legen.

_____ ,

_____ .

3. Alle Karten sind weg. Das Spiel ist vorbei.

_____ ,_____ .

 Track 15

Hören Sie noch einmal zur Kontrolle.

Info:

behalten:
Ich darf es behalten. = Es gehört jetzt mir.

10a

Was passt zusammen? Verbinden Sie.

1. Wenn du Sport machst,
2. Wenn man gern im Team spielt,
3. Wenn man lieber allein ist,
4. Wenn Jochen schlank werden möchte,
5. Wenn Susi nicht allein laufen möchte,

a. dann kann man Fußball spielen.
b. dann kann sie mit ihrer Freundin laufen gehen.
c. dann hast du nicht so oft schlechte Laune.
d. dann kann man laufen gehen.
e. dann soll er Sport machen.

10b

Schreiben Sie die Sätze anders.

1. *Du hast nicht so oft schlechte Laune, wenn du* _____.

2. _____

3. _____

4. _____

5. _____

11a

Lesen Sie den Text und kreuzen Sie an: a oder b.

Magnus Carlsen – der beste Schachspieler

Magnus Carlsen ist zurzeit der beste Schachspieler. Im Jahr 2013 hat er gegen den Inder Viswanathan Anand gewonnen. Da war er erst 22 und der zweitjüngste Weltmeister der Schachgeschichte, nur Garry Kasparov war noch ein paar Monate jünger. Viele nennen den Norweger den begabtesten Spieler aller Zeiten. Magnus hat schon mit fünf Jahren die wichtigsten Schachregeln gelernt, sich aber noch nicht sehr für Schach interessiert. Aber schon mit acht hat Carlson das erste Schachturnier gespielt, und mit etwas mehr als dreizehn Jahren, im Jahr 2004, war er „Großmeister".

Auch seine ältere Schwester Ellen spielt Schach und hat Turniere gewonnen.

Magnus Carlsen ist 1990 in Tonsberg in Norwegen geboren. Seine Mutter ist Chemikerin und sein Vater war Manager. Heute managt er die Karriere von seinem Sohn.

1. Magnus Carlsen
  a. war mit 22 Jahren Schach-Weltmeister.
  b. hat in Indien Schach gespielt.

2. Garry Kasparov
  a. ist jünger als Magnus Carlsen.
  b. war mit weniger als 22 Jahren Schach-Weltmeister.

3. Magnus Carlsen
  a. hat schon mit fünf Jahren gern Schach gespielt.
  b. hat mit fünf Jahren schon die wichtigsten Spielregeln gekannt.

4. Magnus Carlsen
  a. hat schon als Jugendlicher Preise gewonnen.
  b. hat sich als Jugendlicher nicht für Schach interessiert.

5. Der Vater von Magnus Carlsen
  a. ist Chemiker.
  b. ist der Manager von Magnus.

11b

Markieren Sie im Text alle Adjektive (Komparativ und Superlativ).

12

Ergänzen Sie die Superlativ-Endungen.

1.
> Das interessant**este** Spiel!
> Die spannend_____ Situationen! Schenken
> Sie Ihrem Kind das schön_____ Spiel!

2.
> **Kaufen** Sie die **neu**_____ **Laufschuhe**
> von **Sport-Hohmann** und Sie werden die
> **schnell**_____ **Läuferin** in der Gruppe sein!

3.
> **Sie wollen der erfolgreich**_____ **Trainer werden?**
> **Dann lesen Sie das neu**_____ **Buch von A. M. Müller!**

4.
> Kaufen Sie einen Fußball mit
> unseren Namen und unterstützen
> Sie die großartig_____ Mannschaft!

13

Richtig schreiben: sch, st oder sp? Ergänzen Sie.

Hast du **sch**on gehört? Die _____ortler aus unserer _____adt waren die _____ärkste Mann_____aft. Die _____ieler haben fünf Tore
ge_____ossen. Alle Zu_____auer waren begeistert, weil sie so gut ge_____ielt haben. Vor allem das letzte Tor war wunder_____ön.

14a **P**

Lesen Sie die Aufgabe und die Texte. Kreuzen Sie an: a, b oder c.

Anna, Clara, Jochen und Max sind Freunde. Sie wollen am Sonntag gemeinsam etwas machen. Welche Anzeige passt?

Veranstaltungen am Wochenende

a
Familienlauf am Sonntag
Die Stadt lädt alle Familien ein:
2 km, 5 km oder 8 km.
Eltern und Kinder laufen gemeinsam.
Start: 14:00 Uhr auf dem Hauptplatz
Anmeldung per Mail:
familienlauf.neustadt@gmx.de

b
Tanzschule Maier lädt ein:
Tanzen Sie gern? Wollen Sie neue Tänze lernen?
Dann kommen Sie am Samstag zu unserem offenen Tanzabend.
Ab 19:00 Uhr.
Anmeldung per Mail: tanzschule.maier@gmail.com

c
Spielenachmittag bei Spielemax
Lernen Sie die tollsten Spiele kennen!
Allein oder mit Freunden.
Sonntag, ab 14:00 Uhr
Anmeldung per Mail: spielemax@gmail.com

14b **P**

Schreiben Sie eine E-Mail.

Sie möchten am Sonntag auch zu Spielemax. Melden Sie sich und drei Freunde oder Freundinnen an.
Bitten Sie auch um Informationen zu diesen Punkten:

– Adresse?   – Veranstaltung: bis wann / wie lange?   – etwas mitbringen?

_____,

ich habe Ihre Anzeige gelesen und _____

_____

_____

Finden Sie neun Wörter und ein Lösungswort zum Thema Reisen.

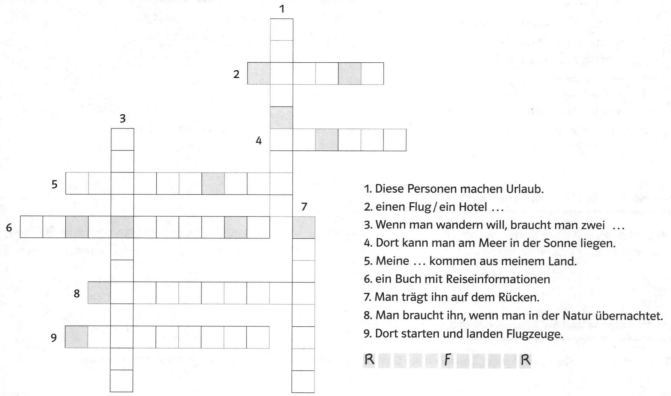

1. Diese Personen machen Urlaub.
2. einen Flug / ein Hotel …
3. Wenn man wandern will, braucht man zwei …
4. Dort kann man am Meer in der Sonne liegen.
5. Meine … kommen aus meinem Land.
6. ein Buch mit Reiseinformationen
7. Man trägt ihn auf dem Rücken.
8. Man braucht ihn, wenn man in der Natur übernachtet.
9. Dort starten und landen Flugzeuge.

R ⬜ ⬜ ⬜ ⬜ F ⬜ ⬜ ⬜ R

2a

Aktiv oder entspannt Urlaub machen? Sortieren Sie.

surfen | in der Sonne liegen | Städte besichtigen | wandern | lesen | lange schlafen | schwimmen | die Ruhe genießen

aktiv: _____   entspannt: _____

_____   _____

2b

Aktiv-Urlaub oder Entspannungsurlaub? Fragen Sie Ihren Partner / Ihre Partnerin.

A: Was machst du gern im Urlaub? Bist du gern aktiv?

B: Ja, ich …
   Nein, ich … nicht so gern. Ich … lieber. Und du?

Wo kann man Urlaub machen? Ergänzen Sie.

im | auf dem | auf dem | in den | in der | in der | am | am

1. ⬜⬜ Strand
2. ⬜⬜ Campingplatz
3. ⬜⬜ Sonne
4. ⬜⬜ Meer
5. ⬜⬜ Hotel
6. ⬜⬜ Schiff
7. ⬜⬜ Natur
8. ⬜⬜ Bergen

Vier Personen suchen ein Urlaubsangebot. Lesen Sie die Informationen 1-5 und die Anzeigen a-d.

Was passt zu wem? Für eine Person gibt es kein Angebot. Markieren Sie so ⊠.

a Sonne, Strand und Meer. Was braucht man mehr? Lust auf einen Traumurlaub? In unserem Club „Beachfun" finden Sie spezielle Angebote: Action am Strand, heiße Clubnächte, eine coole Bar – Urlaubsspaß und das all inclusive! Buchen Sie Ihren Traumurlaub bei uns unter www.beachfun.de

b Wer hat Lust, mit uns nach Mittelamerika (Costa Rica und Panama) zu reisen? Wir, Lisa (28), Meike (27) und Lars (30) suchen noch Reisebegleiter. Wir freuen uns auf unberührte Natur, leere Strände und natürlich ein wenig Abenteuer. Wir wollen im Zelt und nicht in Hotels übernachten. Bist du interessiert? Dann melde dich bei Lars.neitzert078@web.de

c Kultur, Land und Leute? Lernen Sie die Toskana intensiv kennen. Wir bringen Sie zu den bekanntesten Orten wie Florenz, Pisa und Siena. Dort können Sie morgens die wunderbaren Museen besuchen und nachmittags in einem typischen Café italienische Spezialitäten genießen. Und wir führen Sie auch in kleine Dörfer mit besonderer Atmosphäre. Buchen Sie Ihren Italienurlaub bei uns! www.Andiamo-Toscana.it

d Wollen Sie Sprachen lernen und das mit Sport und Spaß kombinieren? Wir bieten Ihnen attraktive Sprachreisen in Europa an. Im Urlaubsland können Sie vormittags eine Fremdsprache lernen und am Nachmittag Sport machen, Sehenswürdigkeiten besichtigen und Land und Leute kennenlernen. Weitere Informationen finden Sie unter www.sprachen-sport-spass.de

1. Familie Schulze möchte einen Kultururlaub in Italien verbringen. ☐
2. Herr und Frau Keller wollen einen All-inclusive-Urlaub in Mittelamerika buchen. ☐
3. Pia und Lea wollen einen coolen Club-Urlaub buchen. ☐
4. Ella möchte ihre Italienischkenntnisse verbessern und sportlich aktiv sein. ☐
5. Nils möchte nicht allein mit seinem Rucksack durch Costa Rica und Panama reisen. ☐

Welche Anzeige aus 4a interessiert Sie? Schreiben Sie eine Mail an den Anbieter (30-40 Wörter).

Warum interessieren Sie sich für das Urlaubsangebot?
Wann und wie lange wollen Sie Urlaub machen?
Welche Informationen brauchen Sie noch?

_____

_____

_____

_____

_____

Was passt nicht? Streichen Sie.

a. der Campingplatz – das Zelt – das Schiff – der Schlafsack

b. der Abflug – der Ausflug – das Ticket – der Flughafen

c. die Natur – der Zug – das Picknick – der Rucksack

d. der Club – die Bar – die Disco – der Wanderschuh

Welche Antwort passt nicht? Streichen Sie.

1. Würdest du auch mit Fremden Urlaub machen?
   a. Das würde ich nie machen.
   b. Das würde ich gern einmal machen.
   c. Ich würde nie allein reisen.

2. Würden Sie Ihren Hund in den Urlaub mitnehmen?
   a. Ja, ohne ihn würden wir nicht wegfahren.
   b. Nein, wir würden ihn bei Freunden lassen.
   c. Ja, wir würden gern eine Schiffsreise machen.

3. Würdet ihr auf einem Campingplatz übernachten?
   a. Ja, warum nicht?
   b. Nein, wir würden lieber fliegen.
   c. Wir übernachten lieber im Hotel.

4. Würdest du einen Cluburlaub machen?
   a. Nein, ich schlafe nicht gern im Schlafsack.
   b. Nein, ich möchte im Urlaub meine Ruhe haben.
   c. Klar, da kann man nette Leute treffen.

Was denken Sie: Wie sieht für Deutsche ein Traumurlaub aus?
Ergänzen Sie mit Ihrem Partner / Ihrer Partnerin die Grafik.

Shoppen in New York / London / Paris | Urlaub in der Karibik | Rucksack-Weltreise | Weltreise mit dem Flugzeug | Kreuzfahrt

44,2 %	_____
31,8 %	_____
30,2 %	_____
29,3 %	_____
15,7 %	_____

Info:

die Kreuzfahrt, -en =
Urlaubsreise auf einem
großen Schiff

  Track 16

Hören Sie. Haben Sie richtig geraten?

Fragen Sie Ihren Partner / Ihre Partnerin.

A: Was würdest du gern machen? Eine Kreuzfahrt?

B: Nein, das finde ich langweilig.
   Ich würde gern eine Weltreise mit dem Rucksack machen.
   Das würde mir gefallen.
   Und du?

Richtig schreiben: a oder ä, o oder ö, u oder ü, au oder äu?

1. der Ausfl___g – die Ausfl___ge
2. der D___ft – die D___fte
3. der Rucks___ck – die Rucks___cke
4. das Urlaubsl___nd – die Urlaubsl___nder
5. der Tr___m – die Tr___me

6. der Gr___ß – die Gr___ße
7. das D___rf – die D___rfer
8. das Schl___ss – die Schl___sser
9. der Campingpl___tz – die Campingpl___tze
10. der Str___nd – die Str___nde

Track 17

Die Deutschen und ihr Urlaub. Hören Sie die Radiosendung und kreuzen Sie an: richtig oder falsch?

	richtig	falsch
1. Nicht sehr viele Deutsche übernachten im Urlaub auf dem Campingplatz.	☐	☐
2. Urlaub im eigenen Land war letztes Jahr nicht beliebt.	☐	☐
3. Die Deutschen mögen keine Schiffsreisen.	☐	☐
4. Das beliebteste Verkehrsmittel für Urlaubsreisen ist das Auto.	☐	☐
5. 20 % der Deutschen bleiben zu Hause und sehen sich fremde Länder lieber im Fernsehen an.	☐	☐
6. Seit 2012 reisen immer mehr Deutsche nach China.	☐	☐

Lesen Sie den Text. Wählen Sie für die Aufgaben 1-3 die richtige Lösung a, b oder c.

Bühnenbild zur Oper „Carmen" bei den Festspielen 2018

Willkommen in Bregenz!

Die Landeshauptstadt von Vorarlberg (Österreich) bietet ihren Besuchern nicht nur ein lebendiges Kulturangebot mit Konzerten, Museen und Galerien, sondern man kann in der Stadt mit 28.000 Einwohnern auch sonst viel unternehmen: Rad fahren, wandern, schwimmen, segeln oder shoppen.

Bregenz ist berühmt für seine Festspiele, die seit 1946 hier stattfinden. Jedes Jahr im Sommer kommen mehr als 200.000 Besucher und Besucherinnen in die Stadt am Bodensee, um das Open-Air-Festival mit den wunderbaren Opernaufführungen zu erleben. Auf der weltweit größten Seebühne gibt es rund 7.000 Sitzplätze. Und die Besucher sind jedes Jahr wieder begeistert von der Musik und vor allem von den fantastischen Bühnenbildern.

Ein paar Tipps für einen Kurzurlaub in Bregenz: In der Altstadt finden Sie viele gemütliche Cafés. Wenn Sie sich für Kunst und Architektur interessieren, sind das Kunsthaus und das Vorarlberg Museum genau die richtige Adresse! Oder schauen Sie sich die wunderschönen Berge bei einem Ausflug mit dem Schiff an. Danach finden Sie in den vielen Restaurants in der Stadt bestimmt etwas Leckeres. Und wer in Bregenz übernachten möchte, kann wählen: Hotel oder Campingplatz direkt am See.

1. In Bregenz
   a. gibt es ein breites Angebot für jeden.
   b. findet man nur kulturelle Angebote.
   c. ist Sport die Hauptsache.

2. Die Bregenzer Festspiele
   a. sind die ältesten Festspiele in Österreich.
   b. finden auf einer Bühne im Freien statt.
   c. finden von Frühling bis Sommer statt.

3. In Bregenz
   a. liegt das Vorarlberg Museum direkt am See.
   b. gibt es Campingplätze direkt am See.
   c. leben 200.000 Menschen.

Info:

im Freien =
draußen (nicht in einem Haus)

10b

Ergänzen Sie die Präpositionen in den Kommentaren über die Bregenzer Festspiele.

1. Ich interessiere mich nicht so sehr _____ Opern, aber die wunderbaren Festspiele in Bregenz sind für mich ein MUSS. „Carmen" war ein Traum! Bernd W.

2. Wir kommen jedes Jahr nach Bregenz und freuen uns schon auf die nächste Veranstaltung. Wir warten _____ den Sommer! Nico und Nele K.

3. Ich habe mich sehr _____ eine Einladung zu den Bregenzer Festspielen gefreut. „Aida" war einfach nur toll! Mein Mann und ich sprechen noch heute _____ diesen fantastischen Opernabend. Hanne H.

4. Die Seebühne in Bregenz ist etwas ganz Besonderes, nicht nur für Opern-Fans. Ich denke noch so oft _____ die Musik und die Sänger und Sängerinnen. Und vor allem erinnere ich mich _____ das herrliche Bühnenbild. Peter V.

10c

Schreiben Sie Fragen und Antworten zu 10b.

Beispiel: *Worauf warten* Nico und Nele? – *Auf den* Sommer.

1. _____ Bernd nicht so sehr? – _____ Opern.

2. _____ Hanne _____? – _____ Einladung.

3. _____ Hanne und ihr Mann noch heute? – _____ „Aida".

4. _____ Peter noch oft? – _____ Musik.

5. _____ Peter? – _____ Bühnenbild.

10d

Wofür interessieren Sie sich? Worauf freuen Sie sich? Schreiben Sie fünf Sätze.

~~sich interessieren~~ | sich erinnern | denken | sich freuen | sich freuen | an | an | auf | ~~für~~ | über

1. *Ich interessiere mich für* _____ .

2. _____ .

3. _____ .

4. _____ .

5. _____ .

11a *Track 18*

Hören Sie und ergänzen Sie die Angaben in der Wetterkarte.

kühl | windig | bewölkt | trocken |
~~warm~~ | sonnig | wechselhaft

München

Basel   29°C warm   Salzburg

Bern

11b

Suchen Sie sich ein Traumziel. Geben Sie das Ziel in Ihre Wetter-App ein. Wie wird das Wetter dort?
Sprechen Sie mit Ihrem Partner / Ihrer Partnerin.

A: Was ist dein Traumziel?
   Wie wird das Wetter dort?

B: Mein Traumziel ist … Ich möchte nach / in …
   Dort wird es …
   Das Wetter in … wird morgen …
   Und wohin möchtest du? Was ist dein Traumziel?

12a

Rund ums Hotel. Wie heißen die Wörter? Ergänzen Sie die Sätze.

konBal | gEfpnam | nollenpsiVo | ~~reeiSev~~ | pelzimrpomDe

Beispiel: Das Hotel bietet einen sehr guten *Service*.

1. Wir wohnen in einem _____ mit _____ und Seeblick.

2. Die Dame am _____ ist immer sehr freundlich.

3. Das Essen dort ist so gut, wir nehmen immer _____.

Info:

die Rezeption = der Empfang

12b 🔊 *Track 19*

Ordnen Sie die Dialogteile. Hören Sie dann zur Kontrolle.

	Rezeptionistin:	Ja, und einen herrlichen Seeblick.
1	Rezeptionistin:	Hotel „Seestern", mein Name ist Evi Seibel. Was kann ich für Sie tun?
	Rezeptionistin:	Möchten Sie Vollpension oder Halbpension?
	Rezeptionistin:	Dann kostet das Zimmer inklusive Frühstücksbuffet 75 Euro pro Nacht.
	Rezeptionistin:	Einen Moment bitte … Das tut mir leid. Wir haben erst ab dem 2.8. wieder ein Einzelzimmer frei.
	Rezeptionistin:	Das freut uns. Sie können ab 14 Uhr einchecken und am Abreisetag sollten Sie bis 11 Uhr auschecken.
	Hotelgast:	Guten Tag, meine Name ist Roth. Ich würde gern vom 1. bis 12. August ein Einzelzimmer bei Ihnen buchen.
	Hotelgast:	Oh, wie schön! Wie viel kostet denn die Übernachtung?
	Hotelgast:	Prima, dann buche ich das Zimmer vom 2. bis 13. August. Ab wann kann ich einchecken?
	Hotelgast:	Ich würde gern nur Übernachtung mit Frühstück buchen.
	Hotelgast:	Okay, dann verschiebe ich meine Reise um einen Tag. Hat das Zimmer einen Balkon?

12c 🅟

Schreiben Sie eine E-Mail an das Hotel „Seestern" (ca. 40 Wörter).

Info:

verschieben =
später machen als geplant

Fragen Sie, ob es vom 15. bis 30.8. noch freie Zimmer gibt.
Fragen Sie nach dem Preis für ein Doppelzimmer mit Frühstück.
Sie möchten ein ruhiges Zimmer mit Seeblick, und Sie möchten Ihren Hund mitbringen.

_____

_____

_____

_____

_____

Lesen

1 **Sie lesen eine E-Mail. Wählen Sie für die Aufgaben die richtige Lösung** a **,** b **oder** c **.**

Liebe alle,

der Sommer ist bald da und wir müssen unseren gemeinsamen Urlaub planen. Also: Fritz, Hans und ich wollen ja gern Aktivurlaub machen, z.B. Radtouren, Wasserski fahren, wandern … Nicki und Bernd wollen lieber entspannt Urlaub machen: lesen, ein bisschen schwimmen, spazieren gehen und einfach nichts tun, richtig? Und vielleicht auch mal in die Stadt zum Einkaufen. Da ist die Planung natürlich nicht so leicht, aber ich habe jetzt eine Idee: Der Wörthersee in Österreich ist ideal. Man kann jede Art von Wassersport machen und es gibt Wander- und Radwege. Aber man kann auch gut relaxen, nach dem Schwimmen gemütliche Spaziergänge machen, nach Klagenfurt zum Einkaufen fahren und im Strandcafé einen Eiskaffee trinken. Was meint ihr?

Am Wörthersee gibt es viele Hotels und Campingplätze, aber ihr habt ja schon gesagt, dass ihr eine Ferienwohnung oder ein kleines Haus am besten findet. Ich habe ein sehr hübsches Ferienhaus gefunden: Es hat einen großen Wohnraum, drei Schlafzimmer, Bad und WC und kostet rund 200 Euro pro Nacht. Das ist nicht so teuer, finde ich. Es sind 5 Minuten zum See. Wir müssen natürlich selbst das Frühstück machen. Abends gehen wir aber schon manchmal in ein Restaurant, oder? Ich möchte im Urlaub nicht immer kochen.

Schreibt mir so schnell wie möglich, ob ihr einverstanden seid. Ich möchte bald buchen, sonst ist das Haus vielleicht nicht mehr frei.

Liebe Grüße

Petra ◄

Info:

Wir sind einverstanden. = Wir finden das okay.

Strategie:

1. E-Mail lesen: Was ist das Thema, was sind die wichtigsten Punkte? (2-3 Minuten)
2. Aufgabe und Lösungen lesen.
3. Passende Stellen in der E-Mail markieren.
4. Diese Stellen genau lesen.

Beispiel

0. Fritz, Hans und Bernd

   a wollen den Urlaub selbst planen.   Das steht nicht im Text. → falsch

   b wollen Aktivurlaub machen.   Im Text steht: Fritz, Hans und ich (= Petra) wollen Aktivurlaub machen. → falsch

   ☒ wollen mit zwei anderen Urlaub machen.   Die Namen im Text sind: Fritz, Hans, Nicki, Bernd und Petra. → richtig

Jetzt Sie

1. Fritz, Hans und Petra

   a möchten allein wandern gehen.

   b möchten jeden Tag Eiskaffee trinken.

   c möchten im Urlaub viel Sport machen.

2. Nicki und Bernd

   a wollen im Urlaub nur lesen.

   b möchten nicht so viel Sport machen wie die anderen.

   c sind nicht entspannt, wenn die anderen aktiv sind.

3. Petra

   a möchte nicht in einem Hotel übernachten, und auch nicht im Zelt.

   b möchte ein Ferienhaus buchen.

   c möchte nicht im Ferienhaus übernachten.

4. Das Ferienhaus

   a liegt direkt am See.

   b kostet pro Person 200 Euro.

   c ist nicht weit vom See.

5. Petra und ihre Freundinnen und Freunde

   a können selbst kochen, wenn sie wollen.

   b müssen immer selbst kochen.

   c müssen immer essen gehen.

Hören

1 **Sie hören fünf kurze Gespräche. Wählen Sie die richtige Lösung a , b oder c .**

Beispiel *Track 20*

0. Welchen Sport macht Paul am liebsten?

 a

 b

 c

Strategie:

1. Aufgabe lesen.
2. Bilder a, b, c anschauen.
3. Text hören und Lösung finden.

Sie hören:

Paul:	Hi Silke. Ich gehe gleich mit Nina und Max im Park joggen. Kommst du mit?
Silke:	Nein, das ist mir zu anstrengend. Ihr lauft immer so schnell. Spielst du heute nicht Fußball?
Paul:	Nein. Wir haben im Moment kein Training, der Trainer ist krank.
Silke:	Ach, wie schade!
Paul:	Nö, ist nicht so schlimm. Ich habe einen Salsa-Kurs gemacht, und Tanzen ist gerade mein Lieblingssport.

Sie hören die drei Wörter joggen, Fußball und Tanzen, aber
Tanzen ist gerade Pauls Lieblingssport. → b ist richtig

Jetzt Sie *Track 21*

1. Wie möchte der Mann in den Urlaub reisen?

a    b    c

Tipp:

- Wenn Sie die Bilder ansehen, überlegen Sie, wie das auf Deutsch heißt.
- Hören Sie genau zu.
  Sie hören jeden Text nur einmal.
- Achten Sie auf Wörter wie nein, nicht, kein. Sie können wichtig sein!

2. Was nimmt die Frau mit?

a   b    c

3. Wie wird das Wetter am Wochenende?

a   b   c

4. Was hat Lena im Urlaub nicht gefallen?

a   b    c

5. Was bestellt der Gast?

a   b   c

Schreiben

 1 **Schreiben Sie eine E-Mail.**

Beispiel

0. Frau Brenner, Ihre Chefin, möchte für alle Kollegen und Kolleginnen
   am Wochenende (Fr – So) eine Städtereise nach Salzburg organisieren.
   Schreiben Sie Frau Brenner eine E-Mail.
   a. Schreiben Sie, wie Sie die Idee finden und dass Sie mitkommen wollen.
   b. Fragen Sie nach dem Namen und der Adresse des Hotels.
   c. Fragen Sie nach den Reisezeiten (Uhrzeiten).

Strategie:

1. Zu jedem Punkt Notizen machen.
2. In der Sie-Form schreiben!
   Dieser Prüfungsteil ist (halb)formell.
3. Anrede und Gruß nicht vergessen.
4. Mit Ihrem ganzen Namen
   unterschreiben.

Schreiben Sie 30-40 Wörter.
Schreiben Sie zu allen drei Punkten.

Lesen Sie die Fragen und Sätze. Was passt zu den Punkten a, b, c? Streichen Sie, was nicht passt.

Um wie viel Uhr fahren wir los? ☐ c   ~~Wohin fahren wir?~~ ☐   Wann kommen wir zurück? ☐   Das ist eine tolle Idee! ☐
Ich fahre sehr gern mit. ☐   Leider kann ich nicht mitkommen. ☐   In welchem Hotel übernachten wir? ☐
Die Städtereise ist eine sehr schöne Idee. ☐   Wie heißt das Hotel? ☐   Ich bringe meinen Partner / meine Partnerin mit, okay? ☐
Wo genau liegt denn das Hotel? ☐   Wollen wir nicht lieber nach Berlin fahren? ☐

So kann Ihre E-Mail aussehen:

— ☐ ✕

Liebe Frau Brenner,
die Städtereise ist eine sehr schöne Idee! Ich fahre sehr gern mit. Wie heißt das Hotel, in dem wir übernachten?
Und wann kommen wir aus Salzburg zurück?
Herzliche Grüße
Ann-Cathrin Bieler

Jetzt Sie

1. Ihr Chef, Herr Renke, möchte nächsten Samstag für alle Kollegen und Kolleginnen einen Ausflug an den Bodensee organisieren.
   Schreiben Sie Herrn Renke eine E-Mail.
   – Schreiben Sie, wie Sie die Idee finden, und dass Sie gern mitkommen.
   – Fragen Sie, was Sie sich am Bodensee anschauen wollen.
   – Fragen Sie, wie lange der Ausflug dauert.

Info:

dauern:
Die Fahrt dauert 30 Minuten. =
Die Fahrt ist 30 Minuten lang.

Schreiben Sie 30-40 Wörter.
Schreiben Sie zu allen drei Punkten.

_____

_____

_____

_____

_____

Sprechen

1 **Sehen Sie die Karten an. Schreiben Sie Stichwörter zu den Sportarten.**

anstrengend – Natur – gefährlich – schwierig – teuer – gesund – langweilig – billig – leicht – nette Leute – Spaß – ...

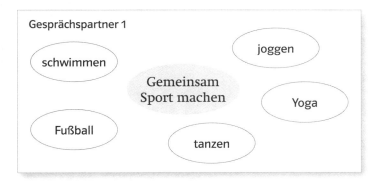

2 **Sortieren Sie die Redemittel.**

Dazu habe ich keine Lust. | Wir können (vielleicht) ... | Ich würde gern ... Was meinst du? | Okay, wir können es versuchen. |
Wollen wir (vielleicht) ... Hast du Lust? | Tolle Idee! | Tut mir leid, aber ... | Das ist mir zu teuer / schwierig / langweilig. | Ja, gern.

Einen Vorschlag machen: _____

_____

Einverstanden: _____

_____

Nicht einverstanden: _____

3 **Sie möchten mit einem Freund / einer Freundin gemeinsam Sport machen. Sprechen Sie über die einzelnen Sportarten**
auf den Karten oben und einigen Sie sich auf eine gemeinsame Aktivität.

Beispiel

A: Wie findest du Yoga?

Hm, dazu habe ich nicht so viel Lust.
Aber wir können joggen gehen, das ist so ähnlich.

B: Ich weiß nicht ... Das finde ich ein bisschen langweilig.
Ich würde lieber draußen Sport machen, in der Natur.
Wir können zusammen wandern, das kostet nichts.

Ist das nicht sehr anstrengend?
Aber warum nicht, wir können es versuchen.

Jetzt Sie

Spielen Sie einen eigenen Dialog mit Ihrem Partner / Ihrer Partnerin und einigen Sie sich auf eine Sportart.

Spielen Sie dann noch einen ähnlichen Dialog:

Ein gemeinsamer Abend:
Kino? fernsehen? Disco?
Spieleabend? Konzert?

Ein gemeinsamer Abend:
Theater? Restaurant? spazieren gehen?
gemeinsam kochen? Musik machen?

Sie können die einzelnen Ideen auch auf Karten schreiben wie oben und zuerst Stichwörter sammeln.

1a

Wie heißen die Präpositionen?

4. _____   6. _____

8. _____

1. _____

2. _____   3. _____   5. _____   7. _____

9. _____

1b

Wo sind die Mäuse? Wohin laufen oder springen sie? Sortieren Sie.

über die Straße | neben der Kirche | vor der Brücke | in den Fluss | auf das Bett | in einem Park | am Fluss | in ein Geschäft

Wo?		Wohin? →	

neben der Kirche, _____

_____

_____

1c

Unser Hund Bruno benimmt sich heute schlecht. Ergänzen Sie.

Beispiel: Er liegt sonst immer unter *dem* Tisch. Aber heute legt er sich auf*s* Bett.

1. Er geht sonst immer auf _____ Gehweg. Aber heute läuft er auf _____ Straße.
2. Er wartet sonst immer vor _____ Geschäft. Aber heute kommt er i_____ Geschäft.
3. Er wartet sonst immer an _____ Ampel. Aber heute läuft er bei Rot über _____ Straße.
4. Er liegt sonst immer i_____ Korb. Aber heute springt er auf _____ Tisch.

2

Wo fühlen Sie sich wohl? Wohin würden Sie gern fahren / gehen? Schreiben Sie drei Sätze.

Beispiel: *Ich bin gern im Park. Ich würde gern in den Park gehen und mich unter einen Baum setzen.*

_____

_____

3a

Finden Sie 13 Tiere.

EOPFERDKTXOSCHWEINLFÄPUTEKWENTEIQVRINDWSSCHAFLNGHUHNWROFISCHYPJVOGELNYSIKATZEÜWKHUNDPEMAUSOPGANSJB

3b **P**

Sprechen Sie mit Ihrem Partner / Ihrer Partnerin über das Thema Tiere.

Ist ein/e …. für dich ein Haustier? Hast du schon einmal … gegessen? Isst du gern …?

Magst du …? Hast du ein/e/n …? Hast du schon mal ein/e/n … gesehen? Bist du allergisch gegen …?

4  *Seite 104 KB, 5a*

Lesen Sie die Texte im Kursbuch noch einmal. Wer sagt was?

	Tim	Franziska	Goran	Marina	Paula
1. Hunde machen mir Angst.	☐	☐	☐	☐	☐
2. Katzen brauchen keine Menschen.	☐	☐	☐	☐	☐
3. Ein Tier muss nützlich sein.	☐	☐	☐	☐	☐
4. Der Hund hilft mir.	☐	☐	☐	☐	☐
5. Tiere entspannen mich.	☐	☐	☐	☐	☐

5a

Was passt? Ergänzen Sie.

entspanne mich | beeilen uns | fühlen sich | ärgern sich | wundert euch | bedankst dich

Info:

bellen: Der Hund bellt.

1. Unser Hund bellt oft laut. Die Nachbarn _____.
2. Deine Nachbarin hat deine Katze gefunden. Du _____ bei ihr.
3. Ich _____, wenn ich meine Fische sehe.
4. Unsere Katzen schlafen zufrieden. Sie _____ wohl.
5. Wir _____, denn wir müssen noch mit dem Hund spazieren gehen.
6. Ihr _____, dass wir unsere Tiere so lieben? Sie sind unsere besten Freunde!

5b

Ergänzen Sie. Achten Sie auf die Wortstellung.

Jutta geht jeden Tag mit ihrem Hund Fifi in den Park. Dort (sich treffen) *trifft sie sich* mit Gunter. Auch er hat seinen Hund Jojo dabei. Jutta und Gunter (sich setzen) _____ _____ zusammen auf eine Bank und (sich unterhalten) _____ _____. Nach der Arbeit (sich entspannen) _____ _____ _____ so. Eines Abends (sich treffen) _____ _____ in einer Bar. Aber ohne die Hunde (sich wohlfühlen) _____ Jutta nicht _____. Sie weiß nicht, worüber sie reden soll. Nach einer Stunde (sich bedanken) _____ bei Gunter und geht nach Hause. Sie (sich beeilen) _____ _____, das kann Gunter sehen. Er (sich ärgern) _____ _____: Morgen will (sich treffen) _____ nicht mehr mit Jutta im Park _____.

5c

Schreiben Sie die Sätze in das Satzmuster.

Beispiel: Immer wenn / gehe / in den Park / ich, ich / Gunter / treffe. *Immer wenn ich in den Park gehe, treffe ich Gunter.*

1. Immer wenn / gestresst / ich / bin, mit dem Hund / in den Park / ich / gehe.

_____ , _____ .

2. Immer wenn / an Jutta / denke / ich, ich / ärgere / mich.

_____ , _____ .

3. Immer wenn / Gunter / ich / sehe / im Park, ich / schnell / um die Ecke / gehe.

_____ , _____ .

4. Immer wenn Fifi / sieht / Jojo, sie / freut / sich / und bellt.

_____ , _____ .

6 **P** *Track 22*

Hören Sie das Interview. Wählen Sie für die Aufgaben 1-5 | ja | oder | nein | .

1. Am 20. Februar verbringen alle Deutschen Zeit mit Tieren. | ja | | nein |
2. Die Deutschen mögen Haustiere. | ja | | nein |
3. Katzen sind noch beliebter als Hunde. | ja | | nein |
4. Die meisten Haustierbesitzer sind schon älter. | ja | | nein |
5. Frau Heinze mag keine Katzen. | ja | | nein |

7a

Hunde: pro und contra. Argumentieren Sie.

Das stimmt (nicht). – Das ist (nicht) richtig. – Das sehe ich nicht so. / auch so. / genauso. – Das kann schon sein, aber ...

Beispiel: Wenn man einen Hund hat, ist man nicht allein. (contra: nicht einfach wegfahren und den Hund allein lassen können)
Das kann schon sein, aber man kann nicht einfach wegfahren und den Hund allein lassen.

1. Man bewegt sich mehr. – (pro: mit dem Hund spazieren gehen müssen)

_____ , weil _____ .

2. Ein Hund braucht zu viel Zeit. – (contra: Leben mit Tieren / gut für Kinder)

_____ , aber _____ .

3. Tiere kosten viel Geld. – (contra: nicht das teuerste Hundefutter kaufen müssen)

_____ , denn _____ .

4. Ein Hund ist ein guter Freund. – (pro: Hund / treu)

_____ , denn _____ .

5. Ein Hund macht viel Arbeit. – (contra: mit einem Hund auch Spaß haben)

_____ , aber _____ .

7b

Ein Hund als Haustier? Diskutieren Sie in der Gruppe.

8

Was passt? Markieren Sie.

Beispiel: A: Wir haben morgen eine Party. Vielleicht wird es laut.
 B: Das ist ziemlich / nämlich / eigentlich ungünstig. Mein Mann ist krank und braucht Ruhe.

1. A: Ich habe Ihnen eine Flasche Wein mitgebracht, weil Sie meine Blumen gegossen haben.
 B: Danke, das ist ziemlich / nämlich / eigentlich nicht nötig. Ich habe das gern gemacht.
2. A: Kann ich mit Lorenz sprechen?
 B: Das geht leider nicht. Er schläft ziemlich / nämlich / eigentlich gerade.
3. A: Ihr Hund hat meinen Sohn gebissen!
 B: Das tut mir wirklich sehr leid. Ziemlich / Nämlich / Eigentlich tut er Kindern nichts.
4. A: Die Lampen sind kaputt.
 B: Schon? Sie sind doch noch ziemlich / nämlich / eigentlich neu?
5. A: Darf ich Sie kurz sprechen?
 B: Tut mir leid, ich muss mich beeilen, mein Bus fährt ziemlich / nämlich / eigentlich in fünf Minuten.

9a

Was passt zusammen? Verbinden Sie.

1. Das tut	a. ich?
2. Das ist gerade	b. schon in Ordnung.
3. Nein danke, das ist	c. nicht nötig.
4. Störe	d. ziemlich ungünstig.
5. Das kann ich	e. Ihr Verständnis.
6. Ich habe	f. mir leid.
7. Danke für	g. eine Bitte.
8. Ist	h. gern machen.

9b

Welcher Satz aus 9a passt? Schreiben Sie.

1. Kann ich Sie kurz sprechen? – _____

2. Ich bekomme morgen ein Paket. Würden Sie es annehmen? – _____

3. Ich habe Schmerzen in den Beinen. – _____

4. _____ – Nein, kommen Sie herein!

5. _____. – Wie kann ich Ihnen helfen?

6. Gestern war es leider etwas laut, tut mir leid. – _____

9c

Spielen und variieren Sie die Situationen mit Ihrem Partner / Ihrer Partnerin. 🧑‍🤝‍🧑

10

Richtig schreiben: Ergänzen Sie die Wörter.

das A⬛arium, die Kom⬛d⬛, das E⬛amen, die Ps⬛che, die G⬛mnast⬛, sich or⬛ntieren, r⬛gieren, sich ⬛gagieren

11

Wie räumt man eine Küche auf? Sammeln Sie Beispiele.

spülen: *die Teller,* _____

wegwerfen: _____

ins Regal / in den Schrank stellen: _____

in den Kühlschrank stellen: _____

putzen: _____

12

Hausarbeit. Sprechen Sie mit Ihrem Partner / Ihrer Partnerin. 🧑‍🤝‍🧑

A: Machst du gern Hausarbeit?
  Hausarbeit nervt mich. / finde ich furchtbar.
  Aufräumen finde ich nicht so schlimm, aber ich putze nicht gern.

B: Ja, Hausarbeit macht mir nichts aus. / Na ja, geht so. Und du?

  Mein(e) Partner / Freundin / … ist sehr unordentlich.
  Das macht mich manchmal richtig sauer.

13a

Schreiben Sie die Sätze mit trotzdem.

Beispiel: Es ist total schmutzig, aber Jan putzt nicht. / *trotzdem putzt Jan nicht.*

1. Die Teller und Töpfe sind schmutzig, aber er wäscht nicht ab. / *trotzdem* _____

2. Der Mülleimer ist voll, aber er bringt den Müll nicht weg. / _____

3. Ich sage ihm, was er machen soll, aber er macht nichts. / _____

4. Ich muss arbeiten, aber Mareike redet pausenlos. / _____

5. Ich habe den Müll vor zwei Tagen weggebracht, aber sie ist nicht zufrieden. / _____

6. Ich habe nicht gekocht, aber ich soll spülen. / _____

13b

Schreiben Sie trotzdem an den richtigen Platz.

Beispiel: Er hat gekocht und *trotzdem* wäscht _____ er _____ nicht ab.
1. Ich habe Stress und _____ sie _____ redet _____ .
2. Ich will meine Ruhe und _____ will _____ sie _____ meine Hilfe.
3. Ich habe den ganzen Tag gearbeitet und _____ ich _____ muss _____ die Hausarbeit machen.

13c **P**

Jan und Mareike beschweren sich bei Freunden. Schreiben Sie E-Mails mit zwei bis drei Infos aus 13a und b.

Lieber Michael,
gestern war es wieder sehr stressig in der WG.

Mareike _____

_____

_____

_____

_____

_____

Jan _____

Liebe Mia,
gestern war es wieder sehr stressig in der WG.

Jan _____

_____

_____

_____

_____

_____

Mareike _____

14a

Ergänzen Sie.

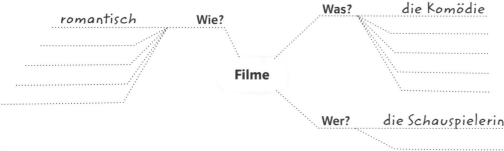

romantisch — Wie?   Was? — die Komödie

Filme

Wer? — die Schauspielerin

14b

Welche Filme sehen Sie gern? Warum? Sprechen Sie mit Ihrem Partner / Ihrer Partnerin.

A: Welche Filme gefallen dir?

Der Film „Titanic" hat mir gefallen, weil er so romantisch war.
Auch die Schauspieler waren gut.

B: Ich mag verrückte Komödien.
Und du? Welche Filme siehst du gern?

Ich habe gestern einen total langweiligen Film gesehen …

15

Lesen Sie den Text und wählen Sie für 1-4 die richtige Lösung a, b oder c.

Filmland Österreich

Februar 2008, Los Angeles, USA: Der Österreicher Stefan Ruzowitzky gewinnt mit dem Film „Die Fälscher" den Oscar für den besten fremdsprachigen Film. Auch 2009 und 2010 waren österreichische Filmproduktionen nominiert, darunter Michael Hanekes Film „Das weiße Band". 2010 hat der Schauspieler Christoph Waltz für seine Rolle in „Inglourious Basterds" den Oscar mit nach Hause genommen, 2013 noch einmal für „Django Unchained", einen weiteren Tarantino-Film. Auch Michael Hanekes Film „Liebe" war 2013 bei den Gewinnern. Für ein so kleines Land ist das wie ein Wunder.

Lange Zeit war Österreich hauptsächlich für Romantisches bekannt, wie zum Beispiel die „Sissi"-Filme aus den 1950er Jahren. Auch das Musical „Meine Lieder – meine Träume" aus dem Jahr 1965 (Originaltitel: The Sound of Music) ist in Österreich gedreht und einer der meistgesehenen Filme weltweit. Der neue österreichische Film hat andere Themen. Die New York Times hat die neuen österreichischen Filme als „Feel Bad Cinema" bezeichnet, weil sie oft traurige, dramatische Situationen zum Inhalt haben.

Beliebt ist Österreich aber auch als Drehort. 2015 war zum Beispiel ein kleiner Ort in Tirol in einem James-Bond-Film zu sehen. Filmemacher aus Indien lieben vor allem die Berge und wählen gern österreichische Locations für Bollywood-Filme.

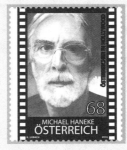

1. Stefan Ruzowitzky
   a hat in Los Angeles die Goldene Palme gewonnen.
   b hat den Oscar für einen englischsprachigen Film gewonnen.
   c ist ein österreichischer Filmemacher.

2. Christoph Waltz
   a hat in Tarantinos Film „Django Unchained" mitgespielt.
   b hat dreimal den Oscar gewonnen.
   c würde gern einmal mit Quentin Tarantino arbeiten.

3. Das österreichische Kino
   a war früher nur für Musikfilme bekannt.
   b hat jetzt andere Themen als vor 50 Jahren.
   c ist in einer traurigen, dramatischen Situation.

4. In Österreichs Bergen
   a macht man die James-Bond-Filme.
   b arbeiten oft indische Filmemacher.
   c sieht man gern James-Bond-Filme, besonders in Tirol.

1a

Welches Foto passt zu welchem Satz?

Hier fühle ich mich zu Hause:
1. Ich verstehe die Menschen.　　Foto ___
2. Ich kenne alle Nachbarn.　　Foto ___

3. Hier stehen meine Familienfotos.　　Foto ___
4. Hier haben schon meine Großeltern gelebt.　　Foto ___
5. Alle freuen sich, wenn ich komme.　　Foto ___

1b

Schreiben Sie die Sätze anders.

Beispiel (1.): *Ich fühle mich zu Hause, wo ich die Menschen verstehe.*

2. *Ich fühle mich zu Hause,* _____

3. _____

4. _____

5. _____

2

Welcher Satz sagt nicht das Gleiche? Streichen Sie.

1. Das geht mir genauso.
　a. Ich habe ein ähnliches Gefühl.
　b. Ich denke auch so.
　c. Das ist mir egal.

2. Mir gefällt es dort.
　a. Mir gefällt alles.
　b. Ich fühle mich dort wohl.
　c. Ich mag das Leben dort.

3. Hier kenne ich alle.
　a. Hier ist niemand fremd für mich.
　b. Ich weiß alles über die Leute.
　c. Ich bin mit allen bekannt.

4. Ich bin auf dem Dorf aufgewachsen.
　a. Ich komme vom Land.
　b. Ich bin jetzt zu erwachsen für ein Leben auf dem Dorf.
　c. Als Kind habe ich in einem Dorf gewohnt.

Ordnen Sie den Dialog.

___ A: An meine Eltern und meine Freunde.
___ A: Daran denke ich eigentlich nie. Ich denke an Menschen.
_1_ A: Was ist los?
___ A: Woran denkst du denn?
___ B: Ach, an zu Hause, an mein Dorf, an meine Wohnung.
___ B: An wen denn?
___ B: Ach, nichts Besonderes …

Info:

Woran denkst du? –
An den Urlaub. (→ Thema, Sache)

An wen denkst du? –
An meine Freunde. (→ Person/en)

4

Small Talk: Ergänzen Sie die Präpositionen und Fragewörter.

1. A: Ich freue mich schon sehr _____ den Urlaub.

   B: Ich auch! _____ freust du dich am meisten?

   A: _____s Nichtstun!

2. A: Ich interessiere mich sehr _____ die Künstlerinnen in diesem Museum.

   B: _____ interessieren Sie sich denn besonders?

   A: Zum Beispiel _____ Gabriele Münter.

3. A: Du siehst aber sauer aus! _____ ärgerst du dich denn so?

   B: Ach, _____ das Wetter. Es regnet die ganze Zeit und ich habe mich so _____ den Ausflug gefreut.

Info:

viel – mehr – am meisten
sehr – mehr – am meisten

5a

Ergänzen Sie die Verben.

antworten | denken | erinnern | freuen | freuen | gewöhnen | interessieren | sprechen | warten

Liebe Jutta,

jetzt bin ich hier in Spanien und _____ mich sehr über meine neue Wohnung. Langsam

_____ ich mich an das Land und das Wetter. Vor allem jetzt, im Winter. Ich

_____ mich noch gut an die Winter in Deutschland – grau und nass! Aber ich

_____ oft an meine Eltern und Freunde und _____ mich immer über Nachrichten von zu Hause.

Auf E-Mails von meinen Freunden _____ ich immer gleich. Mit meinen Freunden hier _____

ich gern über meine Heimat. Sie _____ sich sehr für das Leben in Deutschland.

Besuch mich doch bald mal! Ich _____ schon auf dich!

Alles Liebe

Alice

5b

Sortieren Sie die Verben aus 5a.

an: sich gewöhnen, _____   für: _____

auf: warten, _____   über: _____

5c

Stellen Sie Ihrem Partner / Ihrer Partnerin Fragen mit den Verben aus 5b. 🧑‍🤝‍🧑

A: An wen erinnerst du dich aus der Schulzeit?   B: An …

   Worüber sprichst du oft in der Pause?   Über …

Was ist richtig? Markieren Sie.

1. Wir mussten / konnten / wollten gern einige Zeit in Schweden leben.
2. Ich musste / konnte / wollte aber erst mein Studium abschließen. Nur so musste / konnte / wollte / ich einen guten Job bekommen.
3. Wir konnten / mussten / wollten uns schnell an das neue Land gewöhnen und es hat uns gut gefallen.
4. Meine Eltern konnten / mussten / wollten uns besuchen, aber das war dann nicht möglich, weil meine Mutter krank geworden ist.
5. Nach zwei Jahren konnte / musste / wollte ich nach Deutschland zurückkommen, weil meine Mutter gestorben ist.

   Track 23

Hören Sie das Gespräch. Wählen Sie für jede Person ein Bild aus a – f. Zwei Bilder passen nicht.

Personen:	Vater	Karin	Kurt	Vanessa
Lösungen		d		

a

b

c
Also, das war so …

d
DaF leicht

e
NAME OF PASSENGER | FLIGHT | DATE | SEAT
LH 42X4 | 21 NOV 2018 | 24 A
FROM *NEW YORK*
TO *FRANKFURT*
GATE B26 | TIME 10:46

f
NAME OF PASSENGER | FLIGHT | DATE | SEAT
LH X784 | 12 NOV 2018 | 22 A
FROM *FRANKFURT*
TO *NEW YORK*
GATE C15 | TIME 7:23

7b

Hören Sie das Gespräch noch einmal und beantworten Sie die Fragen.

Beispiel: Warum musste Karin nach Deutschland zurückkommen?
Weil sich ihr Vater verletzt hat.

Info:

sich verletzen =
sich schlimm wehtun (Bild a in 7a)

1. Warum war Karin am Anfang nicht zufrieden? *Weil* _____ .

2. Wann kommt Kurt nach Deutschland zurück? *In* _____ .

3. Wo treffen sich Karin und Vanessa am Abend? *In einem* _____ .

8 *Seite 117 KB, 7b*

Lesen Sie den Text im Kursbuch noch einmal und kreuzen Sie an: richtig oder falsch.

	richtig	falsch
Gesine		
1. unterrichtet Deutsch.	☐	☐
2. hat nie Heimweh.	☐	☐
3. möchte auch im Ausland deutsches Brot essen.	☐	☐
4. singt in Japan immer deutsche Lieder.	☐	☐
5. trinkt im Ausland immer Glühwein.	☐	☐
6. hat in Marokko ihr Trinkwasser im Supermarkt gekauft.	☐	☐
7. hat viel Geld verbraucht, weil sie aus China mit der Familie telefoniert hat.	☐	☐

9a

Wenn oder als? Ergänzen Sie.

1. _____ ich vor zwei Jahren in Amerika war, habe ich mein Englisch verbessert.
2. _____ meine Freundin ein Auslandsjahr gemacht hat, habe ich sie einmal besucht.
3. _____ wir in ein anderes Land fahren, möchten wir die Menschen dort kennenlernen.
4. _____ wir unsere amerikanischen Freunde einladen, kochen wir immer etwas Deutsches.
5. _____ wir wieder nach Hause gekommen sind, haben uns die Nachbarn herzlich begrüßt.
6. _____ wir Urlaub haben, fahren wir immer nach Italien. Wir waren schon zwölfmal dort.

9b

Schreiben Sie die Sätze anders.

Beispiel (1.): *Ich habe mein Englisch verbessert, als ich vor zwei Jahren in Amerika war.*

2. _____

3. _____

4. _____

5. _____

6. _____

10

Ein Interview: Welche Antwort passt? Schreiben Sie Sätze mit seit.

Ich habe hier Arbeit gefunden. | Mein Vater hat mir eine Uhr geschenkt. | Ich habe sie ins Museum mitgenommen. | Ich lebe hier.

Reporter: Meine Damen und Herren, ich stehe hier vor dem Eingang zum Uhrenmuseum in Winterthur.
Neben mir steht Herr Franke, der treueste Besucher des Museums. Seit wann interessieren Sie sich für Uhren?

Herr Franke: *Seit mein Vater mir* _____.
Reporter: Aha. Herr Franke, seit wann besuchen Sie unser Uhrenmuseum?

Herr Franke: _____.
Reporter: Ah, Sie leben also in Winterthur. Und seit wann?

Herr Franke: _____. Das war 2009.
Reporter: Sie sind aber nicht allein hier. Ihre Tochter kommt oft mit. Seit wann interessiert sich Ihre Tochter für Uhren?

Herr Franke: _____ das erste Mal _____. Da war sie drei.
Reporter: Vielen Dank, und viel Spaß noch, Herr Franke.

11

Richtig schreiben: seid oder seit? Ergänzen Sie.

Liebe Ute, lieber Bernd,
_____ wir hier wohnen, _____ ihr unsere Nachbarn. Ihr _____ auch unsere besten Freunde, _____ unsere Kinder klein waren. _____ wir am Samstag diesen Streit hatten, bin ich unglücklich, und ich kann _____ dem Wochenende nicht mehr richtig schlafen. _____ ihr auch so traurig wie ich? Hoffentlich hören wir bald von euch.
Liebe Grüße
Melanie

 *Seite 119 KB, 11a*

Lesen Sie den Text im Kursbuch noch einmal. Welche Zusammenfassung ist richtig?

A

Stefan Strumbel ist Street-Art-Künstler. Er malt Kuckucksuhren auf Wände und ist sehr berühmt, seit die New York Times eine Uhr von ihm gezeigt hat. Er lebt im Schwarzwald, weil es ihm dort sehr gut gefällt. Auf Reisen sammelt er Ideen für seine Kunstwerke. Viele Menschen fühlen sich von seinen Uhren provoziert.

B

Stefan Strumbel ist ein international bekannter Künstler. Auf Reisen sammelt er Ideen, zu Hause im Schwarzwald macht er seine Kunstwerke. Stefan Strumbel war Street-Art-Künstler. Seit er berühmt ist, besprüht er keine Wände, er besprüht Kuckucksuhren. Seine Kunst hat zuerst viele irritiert und zu Diskussionen geführt.

Lesen Sie die Informationen über das Deutsche Museum in München. In welcher Rubrik stehen die Antworten? Wählen Sie die richtige Lösung ⓐ, ⓑ oder ⓒ.

Über das Museum
Das Deutsche Museum von Meisterwerken der Naturwissenschaft und Technik (kurz: Deutsches Museum) ist das größte Wissenschafts- und Technikmuseum der Welt.

Kontakt:
Deutsches Museum
Museumsinsel 1
80538 München

Öffnungszeiten:
Täglich von 9 bis 17 Uhr
Der Kartenverkauf erfolgt bis 16 Uhr.
Einlass bis 16.30 Uhr.

Weitere Angebote:

Eintrittspreise:
Erwachsene 12 €
Kinder, Jugendliche, Schüler und Studenten 4 €

Anfahrt:
Mit öffentlichen Verkehrsmitteln:
S-Bahn Isartor, U-Bahn Fraunhoferstraße

1. Wann kann man das Museum besuchen?
   - ⓐ Anfahrt
   - ⓑ Öffnungszeiten
   - ⓒ andere Rubrik

2. Wie viel müssen Sie bezahlen?
   - ⓐ Über das Museum
   - ⓑ Eintrittspreise
   - ⓒ andere Rubrik

3. Können Sie dort auch etwas essen?
   - ⓐ Weitere Angebote
   - ⓑ Über das Museum
   - ⓒ andere Rubrik

4. Wie kommen Sie zum Museum?
   - ⓐ Über das Museum
   - ⓑ Weitere Angebote
   - ⓒ andere Rubrik

5. Wie ist die Adresse?
   - ⓐ Kontakt
   - ⓑ Anfahrt
   - ⓒ andere Rubrik

Stellen Sie Ihrem Partner / Ihrer Partnerin Fragen zum Deutschen Museum.

Wo ist das Museum? Von wann bis wann …? Wie viel kostet …? Wie komme ich …? Kann man …?

Welches Wort passt? Markieren Sie.

1. Das Brotmuseum hat jeden Tag von/seit/ab 10.00 Uhr geöffnet.
2. Im/Am/Um Dezember und Januar ist es geschlossen.
3. Es schließt am/um/im 17.00 Uhr.
4. Nur am/im/nach Sonntag ist es bis/nach/um 19.00 Uhr geöffnet.
5. Wenn man vor/um/am 10.00 Uhr oder zwischen/von/nach 17.00 Uhr das Museum besuchen möchte, muss man anrufen.

Zeichnen Sie ein Bild und hängen Sie es im Kursraum auf. Gehen Sie spazieren und spielen Sie Führung im Kunstmuseum.

A: Entschuldigung, darf ich (Sie) etwas fragen?
   Was bedeutet das?
   Können Sie mir erklären, was …
   Habe ich richtig verstanden, dass …
   Können Sie etwas zu dem Bild/dem Künstler sagen?

B: Ja bitte?
   Das Bild bedeutet/drückt aus, dass …
   Es soll provozieren/irritieren/…

   Der Künstler/die Künstlerin ist …

Sie möchten mit einer Gruppe das private Museum von Herrn Schaider besuchen. Schreiben Sie Herrn Schaider eine Mail.

Privates Heimatmuseum Gontzbach

Im kleinen Gontzbach hat Franz Schaider im Jahr 2009 sein privates Heimatmuseum eröffnet. Jahrelang hat er Exponate aus seiner Heimat gesammelt und liebevoll restauriert.

Im Mittelpunkt steht die Honigproduktion, für die Gontzbach einmal berühmt war. Besuche sind gegen Voranmeldung möglich: museumschaider@gontzbach.de

Schreiben Sie, wann und mit wie vielen Personen Sie kommen würden.
Fragen Sie, wie viel der Eintritt kostet und wie lang die Führung dauert.
Fragen Sie, ob man Souvenirs kaufen kann, zum Beispiel Honig.

Sehr geehrter Herr Schaider,
ich habe von Ihrem Museum gelesen und möchte es gern mit einer Gruppe von Freunden besuchen.

Lesen

1 Sie lesen in einer Zeitung diesen Text. Wählen Sie für die Aufgaben die richtige Lösung a , b oder c .

„Ich will einen Hund!" – Kinder und Haustiere

Ihr Kind hat bald Geburtstag und es wünscht sich nichts mehr als ein Tier. Und jetzt?

Ein Tier kann der beste Freund für ein Kind sein. Aber Achtung: Tiere sind kein Spielzeug. Haustiere muss man füttern und man muss Zeit mit ihnen verbringen. Die Eltern müssen sich gut überlegen: Wollen wir wirklich ein Haustier? Die Kinder freuen sich sicher, aber bald interessieren sie sich vielleicht nicht mehr für das Tier. Es muss deshalb klar sein, wer welche Aufgaben hat, erst dann sollte man ein Tier kaufen. Wer füttert das Tier? Wer macht die Katzentoilette sauber? Wer geht mit dem Hund spazieren? Auch muss man wissen, was man im Urlaub mit dem Tier macht. Können Sie es mitnehmen? Oder haben Sie Nachbarn oder Freunde, die nach dem Tier sehen können?

Katzen und Hunde sind Tiere für die ganze Familie. Junge Katzen sind süß und spielen gern, aber sie machen auch, was sie wollen. Mit Hunden kann man gut spielen, aber sie brauchen viel Zeit. Man muss mit ihnen jeden Tag und bei jedem Wetter nach draußen. Man sollte auch sicher sein, dass das Tier für das Kind nicht gefährlich wird. Ein Training in einer guten Hundeschule ist deshalb wichtig.

Viele Familien, die nicht so viel Zeit haben, kaufen ein Kleintier, ein Meerschweinchen oder ein Kaninchen. Aber auch diese Tiere brauchen viel Zeit und Liebe. Und sie sind nichts für sehr kleine Kinder, die noch nicht verstehen, dass ein lebendes Tier etwas anderes ist als ein Teddybär.

Und nicht vergessen: Tiere kosten Geld. Nicht nur das Futter muss man bezahlen, auch der Tierarzt kann teuer werden.

Unser Tipp: Besuchen Sie mit Ihrem Kind ein Tierheim. Vereine wie der Deutsche Tierschutzbund nehmen dort heimatlose Tiere auf, zum Beispiel weil der Besitzer oder die Besitzerin gestorben ist oder das Tier nicht mehr haben möchte. Das Kind und das „Wunschtier" können bei diesen Besuchen Freunde werden. Dann können Sie in Ruhe überlegen, ob Sie das Tier nach Hause holen.

Beispiel

0. Für ein Kind …
   - a sind Tiere viel besser als Spielzeug.
   - b ist ein Haustier vielleicht der beste Freund. ◄——— kann sein = ist möglich = vielleicht → b ist richtig.
   - c gibt es keinen besseren Freund als ein Tier.

Jetzt Sie

1. Kinder …
   - a interessieren sich fast immer für Tiere.
   - b interessieren sich manchmal nur kurze Zeit für ein Tier.
   - c sollten keine Tiere haben, weil das immer Probleme gibt.

2. Eine Hundeschule ist gut, weil …
   - a Hunde gefährlich werden können.
   - b Hunde viel Bewegung brauchen.
   - c man dann besser mit dem Hund spielen kann.

3. Meerschweinchen …
   - a sind kein Spielzeug.
   - b sind gut, wenn man keine Zeit für ein Tier hat.
   - c sind gut, wenn man sehr kleine Kinder hat.

4. Ein Besuch beim Tierarzt …
   - a kostet in Deutschland nichts.
   - b ist in Deutschland teurer als in anderen Ländern.
   - c kann hohe Kosten bedeuten.

5. Ein Tierheim ist …
   - a die Heimat von Tieren.
   - b ein Platz für Tiere ohne Zuhause.
   - c ein Vereinshaus von Tierbesitzern.

Hören

 1 **Sie hören ein Interview. Sie hören den Text zweimal. Wählen Sie für die Aufgaben** ja **oder** nein **.**

Strategie:

1. Aufgaben lesen.
2. Schlüsselwörter markieren.
3. Text hören und Antworten ankreuzen.
4. Text noch einmal hören und Antworten kontrollieren.

Beispiel *Track 24*

0. Für Frau Kluge ist Taiwan die neue Heimat.   ja   ~~nein~~

Sie hören:

Moderator: Liebe Hörerinnen und Hörer. Zum Thema Heimat haben wir heute Birte Kluge zu Gast im Studio. Frau Kluge, Sie leben seit über dreißig Jahren in Taiwan. Ist Taiwan Ihre Heimat?

Frau Kluge: Das ist eine schwierige Frage. Ich fühle mich sehr wohl in Taiwan. Ich lebe hier mit meinem Mann und meinen beiden Kindern. Aber für mich ist immer noch Deutschland die Heimat, vor allem der Schwarzwald, wo ich aufgewachsen bin. Für meinen Mann ist das ganz anders: Für ihn ist Taiwan seine Heimat.

> Frau Kluge fühlt sich sehr wohl in Taiwan,
> aber Deutschland ist für sie immer noch die Heimat. → nein

Jetzt Sie *Track 25*

1. Frau Kluge und Herr Kluge haben zusammen in Stuttgart studiert.   ja   nein
2. Frau Kluge hatte am Anfang Heimweh.   ja   nein
3. Frau Kluges Familie kommt zu Weihnachten immer nach Taiwan.   ja   nein
4. Deutsches Brot vermisst Frau Kluge in Taiwan nicht.   ja   nein
5. Frau Kluge bleibt noch einige Tage in Deutschland.   ja   nein

Tipp:

– Sie haben beim ersten Hören nicht alles verstanden? Keine Angst, sie hören den Text zweimal.
– Die Aussagen 0. bis 5. sind so geordnet, wie sie im Hörtext vorkommen.
– Hören Sie genau. Einzelne Wörter können wichtig sein.
– Sie sind nicht sicher? Kreuzen Sie trotzdem eine Antwort an.

2 **Hören Sie noch einmal. Welche Ortsangabe passt zu welchem Satz? Verbinden Sie.**

1. Taipeh
2. Taiwan
3. Stuttgart
4. der Schwarzwald
5. Deutschland

a. Herr Kluge ist Deutscher und dort geboren.
b. Herr und Frau Kluge haben dort studiert.
c. Frau Kluge ist dort aufgewachsen.
d. Frau Kluge ist gerade dort.
e. Dort fühlt sich Herr Kluge zu Hause.

Schreiben

1 **Schreiben Sie eine E-Mail.**

Beispiel

0. Herr Berger, Ihr Chef, möchte seinen Geburtstag mit Ihnen und den Kollegen im Restaurant Antonio feiern.

a. Bedanken Sie sich für die Einladung.
b. Schreiben Sie, dass Sie später kommen und warum.
c. Fragen Sie, wie man am besten zum Restaurant kommt.

Strategie:

Lesen Sie die Strategie auf Seite 52.

Schreiben Sie 30-40 Wörter.
Schreiben Sie zu allen drei Punkten.

Lesen Sie die Fragen und Sätze. Was passt zu den Punkten a, b, c? Streichen Sie, was nicht passt:

Leider kann ich nicht pünktlich sein. ☐ b ☐ Gibt es eine U-Bahn-Station in der Nähe vom Restaurant? ☐
Vielen Dank für die Einladung. ☐ Soll ich etwas mitbringen? ☐ Können Sie mir bitte noch die Adresse schicken? ☐
Leider kann ich nicht kommen. ☐ Ich habe einen Arzttermin. ☐ Ich komme ca. 15 Minuten später. ☐
Ich muss meinen Partner / meine Partnerin vom Flughafen abholen. ☐ Herzlichen Dank für Ihre Einladung. ☐

So kann Ihre Mail aussehen:

```
                                                        _ ⯀ ✕
   Lieber Herr Berger,
   herzlichen Dank für Ihre Einladung. Leider kann ich nicht pünktlich sein
   und werde ca. 15 Minuten später kommen. Ich muss meine Partnerin vom
   Flughafen abholen. Gibt es eine U-Bahnstation in der Nähe vom Restaurant?
   Viele Grüße
   Benedikt Köhler
```

Info:

in der Nähe = nicht weit weg

Jetzt Sie

1. Ihre neue Nachbarin, Frau Steimer, möchte Sie übermorgen zum Kaffee einladen.
   – Bedanken Sie sich.
   – Schreiben Sie, dass Sie leider übermorgen nicht können und warum.
   – Fragen Sie, ob Sie das Treffen auf einen anderen Tag verschieben können.

Schreiben Sie 30-40 Wörter.
Schreiben Sie zu allen drei Punkten.

_____

_____

_____

_____

Sprechen 👄

1 **Sie möchten am Samstag mit Ihrem Partner / Ihrer Partnerin ein Museum besuchen. Finden Sie einen Termin.** 👥

Aufgabenblatt A – Gesprächspartner/in 1	Aufgabenblatt B – Gesprächspartner/in 2
Samstag, 9. Juni	Samstag, 9. Juni
7:00 aufstehen, joggen	7:00
8:00 frühstücken	8:00
9:00 Friseur	9:00 aufstehen
10:00	10:00 Zeitung lesen
11:00	11:00 aufräumen
12:00	12:00 einkaufen
13:00	13:00
14:00 mit Mama telefonieren	14:00
15:00	15:00
16.00	16:00
17:00	17:00
18:00 Treffen mit Luise	18:00
19:00	19:00 Fitnessstudio
20:00 fernsehen (interessante Doku)	20:00 Abendessen mit Ulla

Beispiel

A: Möchtest du am Vormittag oder am Nachmittag ins Museum?

B: Lieber am Nachmittag.
   Vormittags muss ich aufräumen und einkaufen.
   Passt es dir um zwei?
   (Geht es um …?)
   (Hast du um … Zeit?)

Samstags um zwei telefoniere ich immer mit meiner Mutter.
(Da kann ich leider nicht, weil …)
(Das geht leider nicht, weil …)
(Tut mir leid, da muss ich …)
Kannst du auch um drei?

Um drei … Ja, in Ordnung, das passt gut.
Dann treffen wir uns um drei vor dem Museum, okay?

Einverstanden.
(Prima. / Gut. / Super.)
Ich freue mich!

Jetzt Sie

Spielen Sie den Dialog mehrmals. Sehen Sie dabei nur auf Ihr eigenes Aufgabenblatt (Terminkalender A oder B).
Verwenden Sie möglichst viele Redemittel von oben.

1a

Im Büro. Finden Sie neun Wörter aus dem Englischen.

ARPTEAMDFEMEETINGUKLMANAGERTZÜMARKETINGQXACOMPUTERBOILAPTOPIPE-MAILMAWLIFTYVÄPOSTERGLÖ

1b

Notizzettel aus einem Büro. Ergänzen Sie.

Termin | Mitarbeiter | Protokoll | Konzept | Office-Party | Praktikantin | Besprechung | Unterlagen | Kaffee

a.
– _____ vom
  meeting schreiben!
– _____ mit
  Firma Knoll ausmachen!
– _____ kaufen!

b.
– Nicht vergessen: _____
  am Dienstag leiten!
– _____ für neue
  Office-managerin kopieren!
– Neuen _____
  begrüßen!

c.
– Bis Freitag _____
  für Firma A&K entwickeln!
– _____ der
  Chefin vorstellen!
– Freitag _____
  im Marketing. Salat mitbringen!

2a

Was bedeutet der Satz? Kreuzen Sie an.

1. Sie hat alles im Griff.
   a. Sie hat alles unter Kontrolle.
   b. Sie versteht nicht alles.
   c. Sie kopiert alles.

2. Er hat den Überblick.
   a. Er organisiert viel.
   b. Er sieht alles klar und kennt sich gut aus.
   c. Er sieht immer viele Fehler.

3. Er geht in Rente.
   a. Er geht früh zur Arbeit.
   b. Er arbeitet ab jetzt nicht mehr.
   c. Er geht als Erster aus dem Büro.

4. Sie berechnet die Kosten.
   a. Sie kauft möglichst billig ein.
   b. Im Büro ist sie die Frau fürs Geld, Rechnungen und Zahlen.
   c. Ihre Rechnungen kosten viel.

Info:
....
aufhören, hört auf =
Schluss machen

2b *Track 26* *Seite 126 KB, 1b*

Hören Sie das Gespräch aus dem Kursbuch noch einmal. Kreuzen Sie an: richtig oder falsch?

	richtig	falsch
1. Gerd ist neu und soll Ulf unterstützen.	☐	☐
2. Diana hat wenig Kontakt zu den Kunden.	☐	☐
3. Martin bleibt insgesamt drei Monate in der Firma.	☐	☐
4. Das Büro von der Chefin ist frisch renoviert.	☐	☐
5. Niemand im Büro trinkt gern Kaffee.	☐	☐

3

Richtig schreiben: f oder v?

1. ___orgesetzter
2. ___ormell
3. ner___ig
4. Not___all
5. ___irma
6. ___orschlag
7. ___ollzeit
8. ___akten
9. schri___tlich
10. Che___

4a

Was passt zusammen? Verbinden Sie.

1. Wir haben ein Konzept entwickelt.
2. Ich habe Ihnen die Unterlagen kopiert.
3. Das ist unsere Chefin.
4. Wo ist der Mitarbeiter?

a. Er hat den Termin ausgemacht.
b. Sie leitet die Besprechung.
c. Es ist etwas total Neues.
d. Sie sind für die Besprechung wichtig.

4b

Verbinden Sie die Sätze aus 4a mit Relativpronomen.

Beispiel (1.): *Wir haben ein Konzept entwickelt, das etwas total Neues ist.*

2. _____

3. _____

4. _____

4c

Schreiben Sie Relativsätze.

Beispiel : Tom und Lena / Kollegen / Vollzeit arbeiten – *Tom und Lena sind die Kollegen, die Vollzeit arbeiten.*
1. Frau Klose / Mitarbeiterin / Teilzeit arbeiten

_____

2. Hier / Büro / frisch renoviert sein

_____

3. Wo / Rechnungen / hier gelegen haben

_____

4. Herr Schneider / Kunde / immer viele Fragen haben

_____

5a *Track 27*

Was nervt die Deutschen im Büro? Raten Sie, ergänzen Sie die Grafik und hören Sie dann. ⚇

wenn sie lange am Kopierer warten müssen | wenn die Küche schmutzig ist | wenn die Kollegen schlechte Laune haben |
wenn die Kollegen unpünktlich sind | wenn ein Kollege / eine Kollegin laut privat telefoniert | wenn die Toilette schmutzig ist

70%	_____
59%	_____
59%	_____
51%	_____
50%	_____
23%	_____

70 | **19 | Arbeit und Kommunikation**

→ *über den Büroalltag sprechen; Smalltalk bei der Arbeit; duzen oder siezen am Arbeitsplatz; höfliche Bitten mit Konjunktiv II*

Was würde Sie am meisten im Büro nerven? Sprechen Sie mit Ihrem Partner / Ihrer Partnerin.

A: Also, mich würde am meisten nerven / stören, wenn …
    Ich finde es nervig / unangenehm, wenn …
    Macht es dir etwas aus, wenn …?

B: Das würde mich gar nicht / weniger / auch sehr stören.
    Das finde ich nicht so schlimm, aber …
    Ich würde mich über Kollegen ärgern, die …

6 (P) (())) *Track 28*

Smalltalk im Büro. Hören Sie das Interview. Wählen Sie für 1-5 [ja] oder [nein].

		ja	nein
1. Frau Steinmann findet Smalltalk ziemlich leicht.		ja	nein
2. Das Thema Sport ist oft ungünstig für Smalltalk.		ja	nein
3. Frau Steinmann findet das Thema Wetter ein bisschen langweilig.		ja	nein
4. Man soll den Kollegen Fragen über ihre Krankheiten stellen.		ja	nein
5. Beim Smalltalk muss man nicht höflich sein.		ja	nein

7

Wie kann man es sagen? Ein Vorschlag und eine Antwort sind zu unhöflich – welche?

1. Vorschläge:
   a. Sagen wir doch du. Ich bin Niklas.
   b. Du bist Alex, richtig? Muss ich dich siezen?
   c. Wir können uns auch gern duzen.
   d. Wollen wir uns nicht vielleicht duzen?

2. Antworten:
   a. Klar, gern, ich bin Alex.
   b. Wenn es Ihnen nichts ausmacht, würde ich lieber beim Sie bleiben.
   c. Was, warum? Nein danke.
   d. Wissen Sie, im Job duze ich niemanden, bitte nicht böse sein.

8

Sagen Sie es höflicher.

Beispiel: Eh, Tür zu, ihr Nasen! – *Würdet ihr bitte die Tür zumachen?*

1. Ruhe! Du nervst!   Wärst du bitte _____ ?

2. Und Sie schreiben das Protokoll!   _____ so nett und _____ ?

3. Ihr da, Handys aus!   _____ ?

9a

Was passt zusammen? Verbinden Sie.

1. Wo steht der kaputte Kopierer?   a. Du hast es nach dem Meeting geschrieben.
2. Hast du die Überstunden notiert?   b. Du hast sie im Lift gegrüßt.
3. Leitest du mir bitte das Protokoll weiter? c. Der Kunde hat ihn abgesagt.
4. Kennst du die neue Kollegin?   d. Du hast sie im letzten Monat gemacht.
5. War das ein wichtiger Termin?   e. Wir müssen ihn reparieren.

9b

Markieren Sie in 9a links die Artikel und rechts die Pronomen wie im Beispiel.

9c

Verbinden Sie die Sätze aus 9a mit Relativpronomen.

Beispiel (1.): *Wo steht der kaputte Kopierer, den wir reparieren müssen?*

2. _____

3. _____

4. _____

5. _____

9d

Ergänzen Sie die Relativpronomen.

Liebe Karina,

wie geht's dir? Denkst du noch an uns und deine alte Firma? Stell dir vor, ich habe jetzt ein eigenes Büro, *das* sehr hell und groß ist ☺ Und ich habe jetzt auch einen neuen Computer, _____ viel schneller ist als mein alter. Aber das Wichtigste: Wir haben einen tollen neuen Kaffeeautomaten, _____ wir alle lieben. Jetzt gibt es endlich Kaffee, _____ heiß ist und auch schmeckt. Wie findest du das Foto von unserer Feier, _____ ich dir weitergeleitet habe? Konntest du die Kolleginnen und Kollegen, _____ ich fotografiert habe, noch erkennen? Wir haben auch einen neuen Praktikanten, _____ wir alle super nett finden. Und unsere „Lieblingskollegin", _____ immer so laut telefoniert, hat Urlaub …

Liebe Grüße
Britta

10a

Lesen Sie die Beiträge. Ein Hund im Büro: Wer ist dafür und wer ist dagegen? Markieren Sie die Argumente.

a. Ein Hund im Büro bringt gleich gute Atmosphäre, eine entspannte Stimmung und Spaß in den Büroalltag. Ich würde dann viel lieber und besser arbeiten. (Leni M. am 11.7., um 22:03)

b. Ein Hund würde bestimmt die Kreativität im Team verbessern, weil er uns auf neue Ideen bringen würde. Und wir würden uns mit unserem Büro-Hund noch mehr als Team fühlen und positiver denken. (Tom W. am 11.7., um 22:07)

c. Also wirklich! Und was passiert, wenn ich ein wichtiges Telefonat führe und der Hund laut bellt? Ich finde, ein Hund stört bei der Arbeit. Und würde es dem Hund so gut im Büro gefallen? (Anna B. am 11.7.um 22:05)

d. Ich persönlich mag Hunde sehr gern und würde es toll finden. Doch leider geht es nicht jedem so wie mir. Viele haben ja auch Angst vor Hunden oder sind allergisch … Schwierige Frage … (Leo S. am 11.7., um 22:10)

e. Mit einem Hund würden wir alle die Mittagspause gesund und sportlich verbringen: Ein Spaziergang an der frischen Luft tut uns doch allen gut! Danach kann man wieder mit mehr Freude und Energie arbeiten. (Jenny T. am 11.7., um 22:12)

	dafür	dagegen	weiß nicht
1. Leni	☐	☐	☐
2. Tom	☐	☐	☐
3. Anna	☐	☐	☐
4. Leo	☐	☐	☐
5. Jenny	☐	☐	☐

10b

Schreiben Sie auch einen kurzen Beitrag zur Diskussion „Hund im Büro" wie in 10a.

_____

_____

_____

  Track 29

Sie hören ein Gespräch im Büro. Wer macht welchen Vorschlag? Wählen Sie für 1-5 ein passendes Bild aus a **bis** h **.**

	0	1	2	3	4	5
Personen:	Ella	Sven	Marion	Fabian	Leni	Max
Lösungen:	*e*					

 12

Ordnen Sie den Dialog und spielen Sie ihn dann mit Ihrem Partner / Ihrer Partnerin.

☐ Stimmt! Gut, dass du mich erinnerst.

☐ Wir könnten Nina fragen. Ich glaube, sie kennt Laura schon länger.

☐ Was wollen wir ihr denn schenken? Hast du eine Idee?

1 Du, nächste Woche hat Laura Geburtstag. Das habe ich gerade im Kalender gesehen.

☐ Gute Idee! Ich frage sie gleich und schicke dir dann eine Mail, okay?

☐ Super, danke!

☐ Ich auch nicht. Sie ist ja noch neu Team … Ich kenne sie noch nicht so gut.

☐ Nö! Lieber etwas für zu Hause. Aber ich habe gar keine gute Idee.

☐ Leider nein. Nichts fürs Büro, oder?

 13a

Was passt? Verbinden Sie.

1. Bitte bestätigen Sie
2. Schickst du
3. Ich wünsche
4. Leiht ihr
5. Wir könnten

a. der Assistentin eine schöne Tasse schenken.
b. dem neuen Kollegen einen guten Start im Team.
c. den Kunden die Termine!
d. dem Praktikanten eure Kopierkarte?
e. der Chefin das Protokoll?

Info:

der Assistent, -en / die Assistentin, -nen
= Office-Manager/in

Markieren Sie in 13a die Artikel im Dativ wie im Beispiel.

13c

Schreiben Sie die Sätze aus 13a anders.

Beispiel (1.): *Bitte bestätigen Sie ihnen die Termine.*

2. _____

3. _____

4. _____

5. _____

14

Fünf Personen suchen einen Job. Lesen Sie die Anzeigen a bis e. Welche passt zu welcher Person?
Für eine Person gibt es kein Angebot. Markieren Sie so ☒.

a
Wir suchen in Teilzeit eine Mitarbeiterin / einen Mitarbeiter für unser junges Marketingteam. Bist du kreativ, hast du gute Ideen und bist du fit in Englisch (schriftlich und mündlich)? Wenn du Interesse hast, schick uns doch einfach deinen Lebenslauf und deine Unterlagen. personalabteilung@euroetec.com

c
Wir sind ein internationales Unternehmen im Bereich Grafikdesign und bieten Praktikantenstellen an. Bei uns kannst du viel von den Profis in unserem Team lernen und viel Erfahrung sammeln. Hast du Interesse an Werbung und Design? Dann melde dich einfach. Kontaktdaten: Tom.Kline@grafic2000.de

b
Wir bieten in Vollzeit eine Stelle für einen Office-Manager / eine Office-Managerin. Zu Ihren Aufgaben gehören: Kommunikation (mündlich / schriftlich) mit den Kunden, Termine ausmachen / absagen, Protokolle schreiben u.a. Bewerbung bitte an personalabteilung@rsh.com

d
Sind Werbung und Design Ihre Welt? Dann sind Sie bei uns an der richtigen Adresse. Wir sind ein kleines Unternehmen im Bereich Grafikdesign und suchen eine(n) Mitarbeiter(in) (Vollzeit) mit mindestens fünf Jahren Berufserfahrung als Grafiker(in). Melina.Paulsen@designArt.com

e
Gutes Gehalt – angenehme Arbeitszeiten (Arbeit auch von zu Hause möglich!). Wir sind ein starkes IT-Unternehmen und suchen einen Projektmanager / eine Projektmanagerin mit einem Abschluss in Informatik. Wenn Sie gern nach Lösungen suchen und gern im Team arbeiten, dann sind Sie bei uns genau richtig. Unterlagen bitte an personalabteilung@compast.com

1. Klaus studiert Informatik und sucht einen Praktikumsplatz bei einer IT-Firma. ☐
2. Klara hat lange in den USA gelebt und sucht einen Job im Marketing. ☐
3. Kyra sucht nach ihrem Informatikstudium einen Job. ☐
4. Kristin möchte erste Erfahrungen im Bereich Grafikdesign sammeln. ☐
5. Kai arbeitet gern mit Kunden und organisiert gern. ☐

Info:

die Bewerbung, -en /
sich bewerben, bewirbt sich:

Sie haben das Angebot gelesen und möchten den Job. Sie schreiben eine Bewerbung. / Sie bewerben sich.

1a

Was bedeutet lebenswert für Sie? Ergänzen Sie Wörter oder Sätze.

L
E
B
E
N
S
W
E
R
T

Beispiel: L
E *NTSPANNT LEBEN*
B *UNT*
E
N *ATUR*
S
W
E
R
T *HEATER*

1b

Sprechen Sie jetzt mit Ihrem Partner / Ihrer Partnerin.

A: Für mich ist eine Stadt lebenswert, wenn es viel Natur gibt.
   Was meinst du?

B: Ja, das finde ich auch wichtig.
   Es gefällt mir, wenn …

1c   🔊 *Track 30*

Was war 2018 die lebenswerteste Großstadt der Welt? Raten Sie und hören Sie dann.

A: Das könnte Honolulu / … sein, weil …
   Was meinst / glaubst du?

B: Ja, vielleicht.
   Oder es könnte auch Stockholm / … sein, denn …

1d

Hören Sie noch einmal und und kreuzen Sie an: richtig oder falsch?

	richtig	falsch
1. Die Studie von Mercer bewertet die Lebensqualität in Großstädten, Kleinstädten und Dörfern.	☐	☐
2. Wien ist seit neun Jahren die Stadt mit der höchsten Lebensqualität weltweit.	☐	☐
3. München hat sich 2018 um drei Listenplätze verbessert.	☐	☐
4. Zürich liegt zusammen mit Honolulu auf Platz 2.	☐	☐
5. In Honolulu ist die Luft sehr sauber.	☐	☐

2

Was passt zusammen? Verbinden Sie.

1. die österreichische
2. die politische
3. der öffentliche
4. gute
5. ein angenehmes
6. wenig
7. ein breites
8. eine hohe

a. Freizeitangebot
b. Luftverschmutzung
c. Lebensqualität
d. Ausbildungsmöglichkeiten
e. Hauptstadt
f. Situation
g. Verkehr
h. Klima

Welcher Satz bedeutet das Gleiche?

1. Die Stadt mit dem schönsten Strand könnte Rio sein.
   a. Rio muss seine Strände verbessern.
   b. Es ist möglich, dass Rio die Stadt mit dem schönsten Strand ist.
   c. Rio ist ganz sicher die Stadt mit dem schönsten Strand.

2. Prag könnte euch gefallen.
   a. Prag war früher schön.
   b. Prag hat euch gefallen.
   c. Prag ist vielleicht ein schönes Reiseziel für euch.

3. Wien könnte auch nächstes Jahr auf Platz 1 sein.
   a. Nächstes Jahr kommt Wien wieder auf Platz 1.
   b. Wien erreicht bestimmt nicht mehr den ersten Platz.
   c. Es ist gut möglich, dass Wien wieder ganz vorn liegt.

4. Wir könnten vielleicht noch ein Zimmer bekommen.
   a. Wenn wir Glück haben, ist noch ein Zimmer frei.
   b. Wir können ein Zimmer haben.
   c. Wir brauchen zwei Zimmer.

Wie viele Leute sind das? Ergänzen Sie.

~~jemand~~ | niemand | viele | jeder | ~~einer~~ | wenige | keiner | alle

100 %

jemand

einer

0 %

Info:

jemand = irgendeine Person

Was passt nicht? Streichen Sie.

Beispiel: Schade, dass niemand / keiner / ~~man~~ mit mir auf den Naschmarkt geht.
1. Jeder / Alle / Viele sind begeistert von Wien.
2. Leider wollen morgen nur wenige / nicht viele / keiner ins Konzert gehen.
3. Hat jemand / man / einer am Wochenende Lust auf einen Spaziergang im Stadtpark?
4. Wo kann man / jemand / ich die Tickets kaufen?
5. Ich habe noch niemand(en) / keinen / jeden kennengelernt, der das Brunnenviertel nicht mag.
6. Niemand / jemand nicht / keiner liebt diese Stadt so sehr wie ich.

   Track 31

Hören Sie das Interview im Radio und wählen Sie für 1-5 ja **oder** nein .

1. Jule hat im Internet einen interessanten Artikel über eine autofreie Wohnanlage gelesen. ja nein
2. Jule war begeistert und ist am nächsten Tag dorthin gezogen. ja nein
3. Jule ist mit dem Fahrrad umgezogen. ja nein
4. Ein Nachteil ist, dass man ohne Fahrrad nicht von dort weg kann. ja nein
5. Jule und ihre Nachbarn verstehen sich gut und treffen sich oft. ja nein

Was stimmt: a oder b?

1. Lola liebt Pepe. Chrissie liebt Pepe. Pepe liebt Lola.
   a. Pepe und Lola lieben sich.
   b. Pepe und Chrissie lieben sich.

2. Sibylle: Ich will nach Peru! Reto: Verrückt geworden? Auf keinen Fall!
   a. Sibylle und Reto einigen sich.
   b. Sibylle und Reto streiten sich.

3. Ich: Bis Samstag! Mein Freund: Ja, okay, bis Samstag!
   a. Wir verabreden uns für Samstag.
   b. Wir haben uns am Samstag getroffen.

4. Lennart und Anja streiten sich. Was sagt ihre Mutter?
   a. Vertragt euch!
   b. Unterhaltet euch!

Info:

Er liebt sie. Sie liebt ihn.
Sie lieben sich.

Er freut sich. Sie freut sich.
Sie freuen sich.

Info:

sich verabreden =
einen Termin für ein privates
Treffen machen

Schreiben Sie Sätze.

Beispiel: Siehst du ihn jeden Tag? Sieht er dich jeden Tag? – *Seht ihr euch jeden Tag?*
1. Ich treffe sie einmal im Monat. Sie treffen mich einmal im Monat.

_____

2. Kannst du ihn verstehen? Kann er dich verstehen?

_____

3. Er hat sie in Wien kennengelernt. Sie hat ihn in Wien kennengelernt.

_____

4. Ihr könnt euch nicht mit mir einigen. Ich kann mich nicht mit euch einigen.

_____

5. Du hast sie geküsst. Sie hat dich geküsst.

_____ Na und?

Ergänzen Sie entlang, an … vorbei, durch, gegenüber und die Artikel und zeichnen Sie die Wege ein.

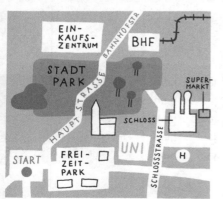

Entschuldigung, wie komme ich zum Einkaufszentrum?

Gehen Sie ▢▢▢ Hauptstraße ▢▢▢▢ , ▢▢▢▢ Kirche ▢▢▢▢

und ▢▢▢▢ Stadtpark. Das Einkaufszentrum ist ▢▢▢▢

▢▢▢▢ Bahnhof. Es gibt aber auch noch einen Supermarkt. Da gehen sie ▢▢▢▢

▢▢▢▢ Freizeitpark und ▢▢▢▢ Uni ▢▢▢▢ . Gehen Sie nach links,

▢▢▢▢ Schlossstraße ▢▢▢▢ , ▢▢▢▢ Schloss ▢▢▢▢ und nach ▢▢▢▢

Schloss die erste rechts. Der Supermarkt liegt direkt hinter ▢▢▢ Schloss.

7b

Schreiben Sie Pauls E-Mail an Manuel mit der Wegbeschreibung zum Hotel Daniel. Benutzen Sie die Notizen.

vom Hauptbahnhof geradeaus bis zur Straße „Wiedner Gürtel" → dort rechts → diese Straße entlang, an ein paar Restaurants vorbei → an der großen Kreuzung geradeaus → links sieht man Schloss Belvedere → Hotel liegt links

Lieber Manuel,
so kommst du zum Hotel Daniel: *Vom Hauptbahnhof gehst du* _____

_____

_____

_____

Paul

Info:
....

die Kreuzung, -en

7c

Suchen Sie auf Ihrem Smartphone ein Ziel und einen Startpunkt in Wien oder einer anderen Stadt. Beschreiben Sie Ihrem Partner / Ihrer Partnerin den Weg.

7d

Lesen Sie Manuels E-Mail und kreuzen Sie an: a , b oder c ?

Hi Nadja,
habe ich dir schon von meinem Wochenende in Wien erzählt? Es war wirklich super. Die Zeit vor der Reise war stressig, ich musste im Büro noch so viele Dinge machen: Ich musste eine Besprechung leiten, ein Protokoll schreiben und hatte ein Meeting mit meinem Chef und einem wichtigen Kunden. Aber als ich in Wien ankam, konnte ich mich sofort entspannen. Der Weg vom Bahnhof zum Hotel war nicht weit, und mein Studienfreund Paul, der in Wien als Projektmanager arbeitet, hat mir erklärt, wie ich dorthin komme. Ich habe zum ersten Mal im Hotel Daniel übernachtet. Und es ist super cool. Ich habe mich sehr wohl gefühlt. Okay, es war ein bisschen laut, weil das Hotel direkt an einer großen Straße liegt. Aber mich hat das nicht sehr gestört. Ich finde es toll, dass es direkt gegenüber dem Schloss Belvedere liegt. Und das Frühstück im Daniel ist echt der Hammer! Super lecker und alles frisch zubereitet. Klar, gute Qualität hat ihren Preis, aber das Hotel ist wirklich etwas Besonderes und sehr fantasievoll gestaltet. Zum Beispiel steht die Dusche in einem Glaskasten mitten im Zimmer und auf dem Dach ist ein Boot installiert. Verrückt, oder? Wenn ich das nächste Mal dort übernachte, buche ich ein „Zimmer" in dem Wohnwagen, der im Garten steht! Hast du auch Lust auf ein Wochenende in Wien? Jetzt hast du ja einen Hotel-Tipp und mein Freund Paul kann dir noch viele Restaurant-Tipps geben.
Liebe Grüße nach Leipzig
Manuel

1. Manuel
   a war in Wien sehr gestresst.
   b war nicht beruflich in Wien.
   c musste in Wien einen Kunden treffen.

2. Paul und Manuel
   a sind Arbeitskollegen.
   b kennen sich vom Studium.
   c arbeiten gemeinsam an einem Projekt in Wien.

3. Das Hotel
   a war für Manuel zu laut, er konnte nicht schlafen.
   b ist sehr ruhig.
   c liegt an einer großen Straße.

4. Manuel
   a findet den Preis in Ordnung, weil die Qualität stimmt.
   b will das nächste Mal einen Wohnwagen auf einem Campingplatz mieten.
   c empfiehlt Nadja das Restaurant von seinem Freund Paul.

8

Ergänzen Sie den Dialog mit Formen von werden.

Anna: Wir werden wahrscheinlich im Mai ein Wochenende nach Wien fahren.

Doro: Ach, wie schön! Ich _____ an euch denken. Ich liebe Wien!

Anna: Ja, ich _____ nächstes Jahr an der Wiener Uni einen Sprachkurs geben.
Da möchte ich die Stadt schon mal ein bisschen kennenlernen.

Doro: Also, das Brunnenviertel _____ ihr bestimmt interessant finden. Und hast du schon mal Sachertorte probiert?
Ich meine, die echte, wie man sie in Wien macht? Die _____ dir schmecken, da bin ich mir sicher.
Du _____ dich in Wien verlieben und nicht mehr weg wollen, glaub mir.

Anna: Na, wir _____ sehen.

9a

Wie wird die Welt von übermorgen aussehen? Sprechen Sie mit Ihrem Partner / Ihrer Partnerin. 👥

2100: 11 Mrd. Menschen? – Urlaub im Weltall? – Häuser unter Wasser oder unter der Erde? –
Autos, die fliegen? – …

A: Glaubst du, dass im Jahr 2100 elf Milliarden Menschen auf der Welt leben werden?
Oder dass Urlaub auf dem Mond oder im Weltall normal sein wird?

B: Gute Frage …
Ich glaube, dass …
Und du?

Info:

die Milliarde, -n (Mrd.) =
1.000.000.000

9b 🔊 *Track 32*

Hören Sie und vergleichen Sie mit Ihren Vermutungen. 👥

10 Ⓟ

Fünf Personen lesen die Anzeigen a bis e. Welche passt zu welcher Person?
Für eine Person gibt es kein Angebot. Markieren Sie so ☒.

a

**Naturkost
St. Josef**

Vegetarisches, veganes, biologisches
Restaurant mit Naturkostladen.

Sonstiges: Bioprodukte,
Essen zum Mitnehmen, Frühstück,
Nichtraucherlokal.

Mondscheingasse 10, 1070 Wien
Mo–Fr 8–18.30 Uhr, Sa 8–16 Uhr
(Feiertag geschlossen)

b

ÖkoTaxi
Unsere Elektrotaxis bringen Sie
umweltfreundlich an Ihr Ziel!
Tel: 0800 218 004

c

Das Citybike Wien
Die Citybikes kann man an
120 Bikestationen leihen
und zurückgeben.

Anmeldung unter
www.citybikewien.at

Die erste Stunde ist gratis!

d

EIS-GREISSLER

Eis beginnt
bei uns mit »M«
wie Muuh!

Kein Trick, sondern Natur pur!
Über 90 Eissorten.

Mariahilfer Straße 33, 1060 Wien

e

Trash Design **Manufaktur**

Recycelte Teile von Elektro- und Elektronik-
Altgeräten werden zu Design-Stücken!
Jedes Stück ist Handarbeit und einzigartig!

Vogtgasse 29, 1140 Wien.

Öffnungszeiten:
Mo–Mi: 9–17 Uhr, Do: 9–19 Uhr, Fr: 9–12 Uhr

1. Steffi und Lena bewegen sich gern und wollen Wien umweltfreundlich und preiswert besichtigen. ☐
2. Mirko will abends kochen und braucht ein paar Bio-Lebensmittel. ☐
3. Anne und Philipp wollen mit Freunden am Sonntag frühstücken gehen. ☐
4. Mark sucht ein Geschenk und findet es gut, wenn man aus alten Dingen etwas Neues macht. ☐
5. Herr Möckel möchte schnell, aber auch umweltfreundlich zum Bahnhof. ☐

Richtig schreiben: groß oder klein?

1.   mweltfreundlich   3.   ebensqualität   5.   eltweit   7.   rünfläche   9.   ertvoll
2.   mweltbedingung   4.   ebenswert   6.   iogemüse   8.   reizeit   10.   rfolgreich

Direkte und indirekte Fragen. Schreiben Sie.

Beispiel: Ben: „Wie viele Einwohner hat Wien?" – Ben stellt die Frage, *wie viele Einwohner Wien hat.*

1. Yusuke: „Wo hat Mozart in Wien gewohnt?"

Yusuke möchte wissen, _____

2. Pablo: „Muss man im Hotel Sacher einen Tisch reservieren?"

Pablo fragt, _____

3. Lea: „Wie heißt das älteste Kaffeehaus in Wien?"

Lea interessiert, _____

4. Marta: „Kann man auch am Sonntag auf dem Naschmarkt einkaufen?"

Marta will wissen, _____

Info:
....

reservieren =
buchen / vorbestellen
....

Stellen Sie Ihrem Partner / Ihrer Partnerin indirekte Fragen.

Alter – Hobbys – Geschwister, Familie – Reisen – Essen – Arbeit – Musik, Bücher, Filme …

A: Ich möchte gern wissen, ob / wer / was / …
   Ich habe vergessen, wo / woher / wohin / …

B: Und mich interessiert, wie / wann / wie viele / …
   Sagst du mir, welche / wofür / worüber / …?

Sie möchten gemeinsam mit Ihrem Partner / Ihrer Partnerin am Wochenende etwas in Wien unternehmen. Besprechen Sie die Ideen und einigen Sie sich am Ende auf einen Vorschlag.

Partner/in A

Partner/in B

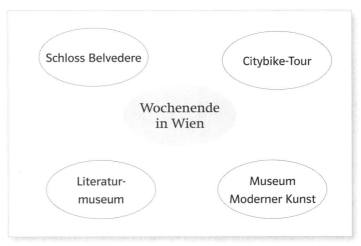

Lesen

1 Sie lesen eine E-Mail. Wählen Sie für die Aufgaben 1 bis 5 die richtige Lösung a , b oder c .

Lieber Jochen,

sicher fragst du dich, warum du so lange nichts von mir gehört hast. Bei mir war viel los, ich habe nämlich die Firma gewechselt. Jetzt arbeite ich bei Fricke als Marketing-Manager. Toll, nicht? In der alten Firma war es mir zu langweilig, immer dasselbe und keine Aussicht auf eine interessantere Arbeit. Da habe ich mich einfach bei Fricke beworben – und sie haben mich genommen!

Der Job ist interessant und macht Spaß, nur Frau Schiffer, meine Assistentin, mag mich nicht, glaube ich. Sie erklärt mir immer, dass ihr alter Chef alles anders und besser gemacht hat. Die anderen Kollegen und Kolleginnen sind aber alle in Ordnung. Mit dem Projekt-Manager, Tom Kluge, habe ich auch privat Kontakt. Wir gehen zusammen Squash spielen und am nächsten Wochenende sind Rita und ich zur Gartenparty bei ihm eingeladen. Wir freuen uns schon, dass wir ein paar neue Leute kennenlernen.

Rita war in den letzten Monaten oft krank, aber jetzt geht es ihr zum Glück wieder besser. Wie geht es dir und Anne? Trainiert Anne immer noch für den Marathon? Und du? Das letzte Mal hast du geschrieben, dass du vielleicht bald einen besseren Job bekommst, wenn dein Kollege in Rente geht. Was ist aus der Sache geworden?

Übrigens: Bald ist Sommer und Urlaubszeit … Wollt ihr nicht für ein paar Tage zu uns kommen? Denkt doch einmal darüber nach. Wir würden uns freuen.

Liebe Grüße
Jonas

Tipp:

Lesen Sie die Strategie auf Seite 50.

1. Jonas arbeitet jetzt in einer anderen Firma, weil …
   a er etwas Interessanteres machen wollte.
   b er in der alten Firma nicht genug verdient hat.
   c ihn die Assistentin nicht gemocht hat.

2. Frau Schiffer …
   a war die Sekretärin von Jonas in der alten Firma.
   b hatte ihren früheren Chef lieber als Jonas.
   c erklärt Jonas, wie alles geht.

3. Tom Kluge …
   a kommt zur Gartenparty von Rita und Jonas.
   b macht mit Jonas Sport.
   c ist der Freund von Rita.

4. Jochen …
   a hat jetzt einen besseren Job.
   b will auch die Firma wechseln.
   c hat jetzt vielleicht einen besseren Job.

5. Jonas möchte …
   a mit Jochen Urlaub machen.
   b für ein paar Tage zu Anne und Jochen fahren.
   c Jochen und Anne im Sommer einladen.

Checkliste fürs Lesen

1. Ich kann in Texten die wichtigen Informationen finden und markiere sie. 能够找到和划出文中的重要信息。 ☐

2. Ich denke nicht lange über unbekannte Wörter nach. Ich lese einfach weiter. 对陌生词汇不要太过在意，继续阅读下文。 ☐

3. Ich habe viele Texte im Kursbuch und im Intensivtrainer noch einmal gelesen. 阅读学生用书和练习册里的大量文章。 ☐

4. Ich habe deutsche Zeitungstexte gelesen und das Wichtigste verstanden. 阅读德语报刊文章，理解文章中的重要内容。 ☐

5. Ich habe viele Anzeigen und Kurzinformationen auf Deutsch gelesen, auch im Internet. 阅读大量（网络上）德语广告和短信。 ☐

Hören

1 **Sie hören fünf kurze Texte. Sie hören jeden Text zweimal.**
Wählen Sie für die Aufgaben 1 bis 5 die richtige Lösung a , b oder c .

Beispiel *Track 33*

0. Wann kann man im „Krokodil" essen gehen?

    a montags um 18 Uhr
    b̶ sonntags um 14 Uhr
    c dienstags um 11:30 Uhr

Tipp:

Manchmal gibt es im Hörtext neue Wörter, zum Beispiel hier „auf Band sprechen". Das müssen Sie nicht verstehen. Hören Sie nur auf die Information, die Sie für die Antwort brauchen. Lesen Sie auch die Strategie und den Tipp auf Seite 19.

Sie hören:

Hier ist das Restaurant „Krokodil". Im Moment ist unser Restaurant geschlossen. Sie können auf Band sprechen, wenn Sie einen Tisch reservieren wollen. Wir rufen Sie zurück. Unsere Öffnungszeiten sind: Freitag bis Sonntag von 11:30 bis 15 Uhr und von 18 bis 23 Uhr. Dienstags, mittwochs und donnerstags freuen wir uns ab 18 Uhr auf Ihren Besuch. Montags ist das Restaurant geschlossen.

Jetzt Sie *Track 34*

1. Was soll Markus machen?

    a ein Geburtstagsgeschenk kaufen
    b eine Geburtstagskarte kaufen
    c 40 Euro bezahlen

2. Wie wird das Wetter morgen?

    a nicht mehr so trocken
    b nicht mehr so windig
    c nicht mehr so sonnig

3. Wann kann Herr Bieler sein Auto abholen?

    a heute Abend
    b morgen
    c übermorgen

4. Was gibt es heute günstiger?

    a Sportschuhe
    b Spielsachen
    c Haushaltswaren

5. Was soll Frau Kieser machen?

    a den Termin mit Datamed auf morgen verschieben
    b das Meeting am Nachmittag vorbereiten
    c zu einer Besprechung mit Herrn Welke gehen

Checkliste fürs Hören

1. Ich verstehe die wichtigsten Informationen in Gesprächen. 理解对话中的重要信息。

2. Ich verstehe klare, einfache Durchsagen. 理解简单明了的广播通知。

3. Ich habe die Hörtexte im Buch und im Prüfungstrainer noch einmal gehört. 将课本和备考训练中的听力内容再听一遍。

4. Ich höre Texte bis zum Schluss. 把每一篇文章内容都完整听一遍。

5. Ich höre genau auf die wichtigen Informationen. Unbekannte Wörter verwirren mich nicht. 认真听重要的信息，遇到陌生词汇不会不知所措。

Schreiben

1 **Eine formelle Entschuldigung schreiben: Was passt nicht? Streichen Sie.**

~~Morgen komme ich nicht!~~ | Es tut mir leid, aber morgen kann ich nicht zum Deutschkurs kommen. |
Morgen passt gar nicht. | Bitte entschuldigen Sie, dass ich morgen nicht in den Deutschunterricht kommen kann. |
Morgen kann ich leider nicht zum Deutschkurs kommen. | Sorry, aber morgen geht es echt nicht.

2 **Schreiben Sie eine E-Mail.**

Sie können nicht zum Deutschkurs gehen. Schreiben Sie eine Entschuldigung an Ihre Lehrerin, Frau Roth.

– Schreiben Sie, warum Sie nicht kommen können.
– Informieren Sie Frau Roth, wie lange Sie fehlen werden.
– Fragen Sie nach den Hausaufgaben.

Tipp:

Lesen Sie die Strategie auf Seite 52.

Schreiben Sie 30-40 Wörter.
Schreiben Sie zu allen drei Punkten.

_____

_____

_____

_____

_____

_____

Checkliste fürs Schreiben

1. Ich schreibe zu jedem Punkt etwas. 针对每项要点撰写内容。
2. Ich passe auf: Manchmal gibt es zwei Fragen zu einem Punkt. 特别注意，部分要点有时包含两个问题。
3. Ich schreibe einfache und korrekte Sätze. 要求句子写得简单准确。
4. Ich weiß, wann „du, dein, dir, …" und wann „Sie, Ihr, Ihnen, …" passt. 了解 Sie（您）和 du（你）人称的使用范围。
5. Ich weiß, welche Anrede und welcher Gruß passt. 了解信函中恰当的称呼和问候语。
6. Ich unterschreibe mit meinem Namen. 信函需要亲笔签名。
7. Ich schreibe nicht zu viel. 撰写内容不宜过多。
8. Ich prüfe deutlich, man kann es gut lesen. 字迹工整，便于阅卷。
9. Ich schreibe Nomen groß. 文中名词均需首字母大写。
10. Zum Schluss lese und kontrolliere ich meinen Text. 最后通读一遍，检查全文。

Sprechen

1 **Sie bekommen eine Karte und erzählen etwas über Ihr Leben.** 👥

Zum Üben wählen Sie eine von den beiden Karten, Ihr Partner/Ihre Partnerin übt dann mit der anderen.

Tipp:

Sehen Sie sich Seite 37 noch einmal an.

Natur?   Büro?

Wo arbeiten Sie gern?

Reisen?   Zu Hause?

Arbeit?   Privat?

Was wünschen Sie sich für die Zukunft?

Familie?   Politik?

2 **Der Prüfer/Die Prüferin stellt noch Fragen. Was antworten Sie? Üben Sie mit Ihrem Partner/Ihrer Partnerin** 👥

1. Gefällt Ihnen Ihr Arbeitsplatz? Was gefällt Ihnen, was nicht?
2. Was für einen Arbeitsplatz wünschen Sie sich?
3. Verstehen Sie sich mit Ihren Kollegen und Kolleginnen gut?
4. Haben Sie einen Chef oder eine Chefin? Wie ist er/sie?

1. Was möchten Sie gern in fünf Jahren machen?
2. Denken Sie, dass Ihnen Ihre Deutschkenntnisse helfen werden?
3. Möchten Sie gern längere Zeit in Deutschland leben?
4. Möchten Sie nach der Prüfung noch mehr Deutsch lernen? Haben Sie Pläne?

Checkliste fürs Sprechen

1. Ich spreche laut und deutlich. 能够大声和清楚地交流。 ☐
2. Ich schaue die andere Person an. 交流时，要注视对方。 ☐
3. Ich denke nicht viel an die Grammatik; Fehler sind jetzt nicht so wichtig. 无需过多地考虑语法，在这里出错并不要紧。 ☐
4. Ich kann nachfragen, wenn ich etwas nicht verstehe. 如果没听懂，能够询问对方。 ☐

Fragen zur Person stellen und beantworten: 关于个人基本信息的提问和回答：
5. Ich kenne die Fragewörter (W-Fragen). 熟悉特殊疑问句的形式。 ☐
6. Ich kann zu verschiedenen Themen Fragen stellen. 能够针对不同的主题进行提问。 ☐
7. Ich kann Fragen zu meiner Person beantworten. 能够回答关于个人基本信息的问题。 ☐

Über sich sprechen: 关于个人情况的论述：
8. Ich kann zu verschiedenen Themen über mich selbst Informationen geben. 能够围绕不同的主题，谈论个人的情况。 ☐

Eine gemeinsame Aktivität aushandeln: 商议一项活动：
9. Ich kann Termine machen. 能够约定时间。 ☐
10. Ich kann auf Vorschläge reagieren und selbst Vorschläge machen. 能够提出个人建议，并对他人的建议作出回应。 ☐

Die Prüfung „Goethe-Zertifikat A2"

Das sind die Teile in der Prüfung:

Prüfungsteil	Aufgabe	Was machen Sie?	Zeit	Punkte
Lesen				
Teil 1	einen Zeitungsartikel lesen	Sie lesen einen Zeitungsartikel und Aufgaben. Sie entscheiden: Ist a, b oder c richtig?	ca. 30 min	5 Punkte
Teil 2	Programme, Aushänge etc. lesen	Sie lesen einen Wegweiser, ein Programm etc. und Aufgaben. Sie entscheiden: Ist a, b oder c richtig?		5 Punkte
Teil 3	E-Mails lesen	Sie lesen E-Mails und Aufgaben. Sie entscheiden: Ist a, b oder c richtig?		5 Punkte
Teil 4	Anzeigen lesen	Sie lesen Situationen und Kleinanzeigen. Sie entscheiden: Passt Anzeige a oder b zur Situation?		5 Punkte
Hören				
Teil 1	Durchsagen, Nachrichten auf der Mailbox etc. hören	Sie hören Durchsagen und lesen Aussagen. Sie entscheiden: Ist a, b oder c richtig?	ca. 30 min	5 Punkte
Teil 2	ein längeres Gespräch hören	Sie hören ein Gespräch und Aufgaben. Sie entscheiden: Welches Bild passt zu welcher Aufgabe?		5 Punkte
Teil 3	kurze Gespräche hören	Sie hören Gespräche und Aufgaben. Sie entscheiden: Ist a, b oder c richtig?		5 Punkte
Teil 4	ein Interview hören	Sie hören ein Radiointerview und lesen Aussagen. Sie entscheiden: Ist die Aussage richtig oder falsch?		5 Punkte
Schreiben				
Teil 1	eine SMS / Nachricht schreiben	Sie lesen eine Situation und eine Aufgabe und schreiben eine SMS / Nachricht (meistens in der Du-Form).	ca. 30 min	10 Punkte
Teil 2	eine E-Mail schreiben	Sie lesen eine Aufgabe und schreiben eine E-Mail (meistens in der Sie-Form).		10 Punkte
Sprechen				
Teil 1	mit dem Partner / der Partnerin sprechen	Sie bekommen vier Karten und stellen Ihrem Partner / Ihrer Partnerin vier Fragen. Dann stellt Ihr Partner / Ihre Partnerin Ihnen vier Fragen und Sie antworten.	ca. 15 min	4 Punkte
Teil 2	über sich sprechen	Sie bekommen eine Karte mit einer Frage und Stichwörtern. Sie antworten auf die Frage und sprechen über sich. Dann stellen die Prüfer noch Fragen.		8 Punkte
Teil 3	gemeinsam etwas planen	Sie bekommen ein Aufgabenblatt, das Sie nicht zeigen dürfen. Sie sollen mit Ihrem Partner / Ihrer Partnerin etwas planen, z.B. eine Party oder einen Termin. Dazu stellen Sie Fragen und machen Vorschläge.		8 Punkte

Am Ende müssen Sie alle Lösungen auf den Antwortbogen übertragen. Sie kreuzen auf dem Antwortbogen die Lösung an oder schreiben die Texte auf den Antwortbogen.

Beim Sprechen können Sie noch max. 5 Punkte für die Aussprache bekommen.

Lesen

Es gibt vier Teile. Sie lesen eine E-Mail, Informationen und Artikel aus der Zeitung und dem Internet. Für jede Aufgabe gibt es nur eine richtige Lösung. 阅读理解由四部分组成。阅读内容包括一封邮件、（指示）信息、报刊网络文章和广告。每道题只有一个正确的答案。特别提示：第四部分阅读中，每则广告只能选一次，例句中的广告不能再次使用。其中一道题目没有答案，请打叉。

Lesen, Teil 1

Sie lesen in einer Zeitung diesen Text. Wählen Sie für die Aufgaben die richtige Lösung a , b oder c .

„Hier ist es nie langweilig"

Robert Franke erzählt von seiner Arbeit in einer Schul-Cafeteria

Seit 20 Jahren ist Robert Franke an der Käthe-Kollwitz-Gesamtschule. Aber er ist natürlich kein Schüler, er arbeitet an der Schule. In der Cafeteria sitzt Herr Franke oft an der Kasse, aber er kümmert sich auch um Speisen und Getränke. „Die Arbeit macht mir wirklich viel Spaß", sagt Herr Franke im Interview. „Ich rede gern mit Menschen, und in der Cafeteria ist immer etwas los. In den Pausen sind Schüler und auch Lehrer und Lehrerinnen dort, kaufen Kaffee oder Milch, Brötchen oder auch mal Schokolade."

Wir besuchen Herrn Franke in der Cafeteria. In der ersten großen Pause ist es laut – die Kinder lachen und rufen, aber Herr Franke bleibt ruhig. „Das stört mich nicht", sagt er. Wir sehen zwei Lehrer – und die finden es nicht so toll, dass es so laut ist. Sie gehen zu einer Gruppe von Jugendlichen, sprechen mit ihnen, und dann wird es auch etwas ruhiger.

Und wie finden die Schüler und Schülerinnen die Cafeteria? Wir fragen Tamara aus der 7. Klasse. „Ganz gut", meint sie, „aber ich möchte gern auch mal frischen Saft und mehr Obst haben."

Herr Franke hat das gehört und macht sich eine Notiz. „Das kommt auf meine Liste", sagt er und lächelt.

Beispiel

0 Herr Franke ...
- a arbeitet in einem Café im Kaufhaus.
- ☒ berichtet von seiner Arbeit an einer Schule.
- c findet seine Arbeit nicht interessant.

1 In der Cafeteria ...
- a arbeitet Herr Franke als Kassierer.
- b kocht Herr Franke das Essen.
- c macht Herr Franke verschiedene Arbeiten.

2 Herr Franke ...
- a kauft oft etwas für sich selbst.
- b spricht gern mit den Kindern und den Lehrern und Lehrerinnen.
- c verkauft am liebsten Getränke.

3 Wenn die Jugendlichen laut sind, ...
- a findet Herr Franke das nicht gut.
- b gehen die Lehrer nach draußen.
- c stört das einige Lehrer und Lehrerinnen.

4 Tamara ...
- a findet das Angebot in der Cafeteria schlecht.
- b kauft am liebsten Getränke in der Cafeteria.
- c möchte gern auch z. B. Äpfel oder Bananen kaufen.

5 Herr Franke ...
- a will das Angebot in der Cafeteria nicht ändern.
- b will bald auch Obst in der Cafeteria anbieten.
- c schreibt jeden Tag eine Einkaufsliste.

Lesen, Teil 2

Lesen Sie das Programm für das Sommerfest in Neustadt. Wohin gehen Sie?
Wählen Sie die richtige Lösung a , b oder c .

Sommerfest Neustadt – Programmübersicht

Sporthalle	Informationen über Sportvereine aus Neustadt Vormittag: Flohmarkt für Spiele und Sportsachen
Theater	Vormittag: Musikvereine aus Neustadt informieren 16:00 Uhr Konzert: Neustädter Musiker und Chor
Kino	Vormittag: Schulen aus Neustadt stellen sich vor 15:00 Uhr: „Wie es früher war" (Film über die Geschichte von Neustadt)
Rathausplatz	9:30 Uhr: Informationen über das neue Schwimmbad 10:00 / 12:00 / 14:00 Uhr: Fußball für Kinder ab 6 Jahren
Museum	Ausstellung: Maler aus Neustadt ab 14:00 Uhr: Malen für Jugendliche ab 12 Jahren
Stadtpark	9:00 Uhr: Joggen mit dem Bürgermeister (Erwachsene) Grillen & mehr: Essen und Getränke den ganzen Tag

Beispiel

0 Sie möchten Musik hören.

   a Sporthalle
   b Stadtpark
   ☒ anderer Ort

6 Sie möchten ein günstiges Spiel kaufen.

   a Kino
   b Museum
   c anderer Ort

7 Ihr 8-jähriger Sohn möchte mit anderen spielen.

   a Rathausplatz
   b Sporthalle
   c anderer Ort

8 Sie haben Durst.

   a Kino
   b Theater
   c anderer Ort

9 Sie brauchen Informationen über die Schulen in Neustadt.

   a Kino
   b Sporthalle
   c anderer Ort

10 Sie möchten mehr über einen Fußballverein wissen.

   a Rathausplatz
   b Sporthalle
   c anderer Ort

Lesen, Teil 3

Sie lesen eine E-Mail. Wählen Sie für die Aufgaben die richtige Lösung a , b oder c .

Hallo Ma Ying,

es tut mir leid, dass ich so lange nicht geschrieben habe. Ich bin von Hamburg nach Berlin umge-zogen und hatte total viel Arbeit in der neuen Wohnung. Aber jetzt ist alles fertig und ich habe eine ganz tolle neue Küche. Komm doch mal vorbei, du kannst auch gern ein paar Tage bleiben!

Wie geht es dir denn so? Du hast ja eine neue Arbeit gesucht – hast du schon etwas gefunden? Wenn du willst, kann ich dir bei der Suche helfen – sag einfach Bescheid! Und wie geht es deiner Schwester? Du hast geschrieben, dass sie hier in Deutschland studieren will. Ist sie jetzt schon in Deutschland? Übrigens: Meine Schwester heiratet in drei Monaten. Ich finde das unglaublich! Sie ist doch sechs Jahre jünger als ich und jetzt heiratet sie schon! Aber natürlich freue ich mich!

Nächsten Monat möchte ich gern eine kleine Umzugsparty machen. Ich weiß, es ist ein bisschen spät, aber ich hatte einfach keine Zeit. Natürlich lade ich dich auch ganz herzlich ein! Wahrschein-lich ist die Party am 23., das ist ein Samstag, aber genau weiß ich es noch nicht. Ich melde mich noch mal, wenn der Termin feststeht. Dann kannst du auch endlich meine Freunde und Freundin-nen hier kennenlernen. Meine neuen Nachbarn werden auch kommen, die sind alle wirklich nett und haben mir beim Umzug geholfen.

Melde dich doch mal wieder! Ich würde mich wirklich freuen, wenn wir uns bald mal sehen, vielleicht bei meiner Party oder einfach so.

Viele Grüße
Hannah

---

11 Hannah …
- a hat eine neue Wohnung in Hamburg.
- b lebt jetzt in einer anderen Stadt.
- c zieht bald um.

12 Hannah …
- a bietet Ma Ying Hilfe an.
- b hat eine neue Stelle.
- c sucht einen neuen Job.

13 Die Schwester von Ma Ying …
- a heiratet bald.
- b ist jünger als Ma Ying.
- c will in Deutschland auf die Universität gehen.

14 Hannah …
- a will keine Umzugsparty machen, weil sie es zu spät findet.
- b möchte nächsten Samstag eine Party machen.
- c weiß den Termin für die Party noch nicht sicher.

15 Zur Umzugsparty …
- a kommen die Nachbarn von der alten Wohnung.
- b lädt Hannah nur Freunde und Ma Ying ein.
- c lädt Hannah außer ihren Freunden und Freundinnen auch Nachbarn ein.

Lesen, Teil 4

**Sechs Personen suchen im Internet nach Wohnungen. Lesen Sie die Aufgaben und die Anzeigen a bis f.
Welche Anzeige passt zu welcher Person? Für eine Aufgabe gibt es keine Lösung. Markieren Sie so: ⊠.
Die Anzeige aus dem Beispiel können Sie nicht mehr wählen.**

Beispiel

0   Karin sucht eine 1-Zimmer-Wohnung mit Balkon.   d

16   Gudrun möchte nah an einer Straßenbahnhaltestelle wohnen.   ☐

17   Julia möchte gern eine Wohnung mit Garten haben.   ☐

18   Justus und Samira haben Katzen und suchen eine ruhige Wohnung.   ☐

19   Herr und Frau Müller suchen eine ruhige Wohnung im Erdgeschoss.   ☐

20   Familie Wolter (2 Erwachsene, 3 Kinder, 1 großer Hund) sucht eine billige Wohnung.   ☐

---

a   2 Zimmer – Küche – Bad im EG ab 1.7. frei,
Miete 350 Euro, Nebenkosten 100 Euro.
Zentral in der Innenstadt (große Kreuzung,
Straßenbahn direkt vorm Haus), leider kein
Balkon. Einbauküche in der Wohnung. Keine
Haustiere.

b   2,5-Zimmer-Wohnung im 2. OG ab dem
1. August zu vermieten. Wir suchen ruhige
Mieter, kleiner Hund oder Katzen sind ok.
70 m² mit Balkon. Ruhige Straße, wenig Verkehr. Zuschriften unter wohnung@gmz.eu

c   Ruhige Seitenstraße, 3 Zimmer, 65 m², renoviert.
Wir planen einen Balkon (ca. in einem Jahr).
Wohnung ist im 4. OG (kein Aufzug),
Keller und Garage sind vorhanden.
400 Euro + Nebenkosten. Bitte keine Haustiere.
Besichtigung Freitag ab 17 Uhr.

d   1-Zimmer-Wohnung (35 m²), 3. Stock, ab sofort
frei. Supermärkte und Apotheke in der Nähe,
leider keine öffentlichen Verkehrsmittel. Miete
230 Euro, Nebenkosten 95 Euro. Die Wohnung
hat einen kleinen Süd-Balkon mit traumhafter
Aussicht!

e   Kleine Wohnung (1 Zimmer) im Dachgeschoss
ab 15.8. frei. Ruhiges Haus (ca. 3 km zum
Zentrum), nette Mieter. Keine Haustiere.
Kein Balkon, aber Gartennutzung.

f   Wohnung in der Stadtmitte (1. OG) ab
sofort frei. Im EG ist ein Restaurant mit
Terrasse – deshalb leider nicht sehr ruhig.
Aber die Wohnung ist günstig, 85 m² für
nur 550 Euro inkl. Nebenkosten! Gern auch
Familien mit Kindern und/oder Haustieren.

Hören  Track 35

Es gibt vier Teile. Sie hören Sendungen aus dem Radio, Gespräche, Nachrichten auf dem Anrufbeantworter und Durchsagen. Lesen Sie zuerst die Aufgabe, hören Sie dann den Text dazu. Kreuzen Sie die richtige Lösung an. 听力理解由四部分组成。听力内容包括电台节目、谈话、录音电话留言和广播通知。请先读题，再听录音，并在正确答案上打叉。听力第一部分共有五段录音，每段录音播放两遍。听力第二部分是一段日常对话，只播放一遍，要求将人物和图片匹配起来，每张图片只能选择一次。听力第三部分是五段小对话，只播放一遍，选择正确的图片。听力第四部分是一个访谈，录音播放两遍，要求在ja和nein中作出选择。

Hören, Teil 1

Sie hören fünf kurze Texte. Sie hören jeden Text zweimal. Wählen Sie die richtige Lösung a, b oder c.

1 Wann fährt heute ein Zug nach Amsterdam?
- a | Heute fährt kein Zug nach Amsterdam.
- b | Um 10:15 Uhr.
- c | Um 10:50 Uhr.

2 Wie ist das Wetter morgen?
- a | Es gibt Gewitter und bleibt warm.
- b | Es regnet den ganzen Tag.
- c | Trocken und kälter als heute.

3 Wo soll Matthias auf Jochen warten?
- a | Am Bahnhof.
- b | Am Eiscafé.
- c | Zu Hause.

4 Was soll Inge mitbringen?
- a | Essen.
- b | Getränke.
- c | Musik.

5 Was sollen die Kunden machen?
- a | Die Einkäufe morgen bezahlen.
- b | In einer Viertelstunde zur Kasse gehen.
- c | Sofort zur Kasse gehen.

Hören, Teil 2

Sie hören ein Gespräch. Sie hören den Text einmal. Wer kümmert sich um was?
Wählen Sie für die Aufgaben 6 bis 10 ein passendes Bild aus a bis i. Wählen Sie jeden Buchstaben nur einmal.
Sehen Sie sich jetzt die Bilder an.

	Beispiel: 0	6	7	8	9	10
Personen	Rosi	Ingo	Carmen	Ismail	Dorothee	Thomas
Lösung	c					

Hören, Teil 3

Sie hören fünf kurze Gespräche. Sie hören jeden Text einmal. Wählen Sie die richtige Lösung a, b oder c.

11 Was bestellt der Mann?

a    b    c

12 Was kauft die Frau?

a    b    c

13 Wohin soll Herr Schneider gehen?

a    b    c

14 Was leiht sich Gisela aus?

a    b    c

15 Was muss Frau Sorge das nächste Mal mitbringen?

a    b   c

Hören, Teil 4

Sie hören ein Interview. Sie hören den Text zweimal. Wählen Sie ja **oder** nein **. Lesen Sie jetzt die Aufgaben.**

Beispiel

0 Frau Schick arbeitet mit Büchern.   ~~ja~~   nein

16 Frau Schick hatte früher Haustiere.   ja   nein

17 Frau Schick hat schon als Kind Bücher geliebt.   ja   nein

18 Früher hat Frau Schick mehr Bücher gelesen als heute. ja   nein

19 Der Radiomoderator geht nicht so oft nicht die Bibliothek. ja   nein

20 Vor einigen Jahren hatte die Bibliothek mehr Besucher als jetzt. ja   nein

Schreiben

Es gibt zwei Teile. Sie schreiben eine SMS / Nachricht und eine E-Mail. 书面表达由两部分组成。写作内容包括一则短信（消息）和一封邮件。特别提示：请注意两篇文章中的人称表达，通常第一篇是发短信给朋友或熟人，请使用 du 这个人称，而第二篇是正式信函，请使用 Sie 这个人称。

Schreiben, Teil 1

Es ist Sonntag. Sie möchten mit Ihrem Bekannten Aljoscha etwas unternehmen.
Schreiben Sie eine kurze Nachricht an Aljoscha.

- Schreiben Sie, was Sie machen möchten.
- Fragen Sie nach einem Treffpunkt.
- Bitten Sie um Antwort.

Schreiben Sie 20–30 Wörter.
Schreiben Sie zu allen drei Punkten.

Schreiben, Teil 2

Ihre Nachbarin, Frau Schneider, hat Sie zum Geburtstag eingeladen. Sie haben keine Zeit.
Schreiben Sie ihr eine E-Mail.

- Bedanken Sie sich für die Einladung.
- Begründen Sie, warum Sie nicht kommen.
- Machen Sie einen Vorschlag für ein Treffen.

Schreiben Sie 30–40 Wörter.
Schreiben Sie zu allen drei Punkten.

Sprechen

Es gibt drei Teile. Sie sprechen über sich, stellen Fragen und machen Vorschläge. 口头表达由三部分组成。考生两人一组，进行交流，内容包括向同伴提问、回答同伴的问题、提出建议和回应同伴的建议。第一部分中，每位考生将拿到四张卡片，要求根据卡片内容，向同伴提出四个问题，对方作出相应的回答。然后考生需要回答同伴提出的四个问题。第二部分中，每位考生将拿到一张任务卡片，上面有一个问题和一些提示语。要求考生回答问题，谈一谈自己的相关情况。然后考官将针对考生讲述内容进行提问（通常1-2个问题）。第三部分中，每位考生将拿到一张任务卡片（每位考生得到的信息内容不同），要求与同伴共同商议规划一件事情。要求考生能够商讨不同的要点，进行讨论，并最终达成一致。

Sprechen, Teil 1

Sie bekommen vier Karten und stellen mit diesen Karten vier Fragen. Ihr Partner / Ihre Partnerin antwortet. Dann stellt Ihr Partner / Ihre Partnerin vier Fragen und Sie antworten.

Fragen zur Person	Fragen zur Person
Geburtstag	Beruf

Fragen zur Person	Fragen zur Person
Lieblingsgetränk	Hobbys

Fragen zur Person	Fragen zur Person
Sprachen	Wohnort

Fragen zur Person	Fragen zur Person
Auto	Lieblingsessen

Sprechen, Teil 2

Sie bekommen eine Karte und erzählen etwas über Ihr Leben. Danach stellt der Prüfer / die Prüferin noch Fragen.

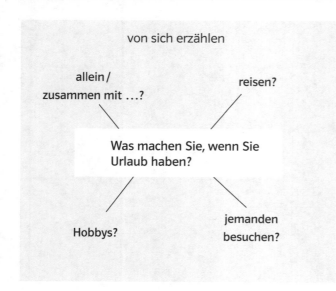

von sich erzählen

allein / zusammen mit …?   reisen?

Was machen Sie, wenn Sie Urlaub haben?

Hobbys?   jemanden besuchen?

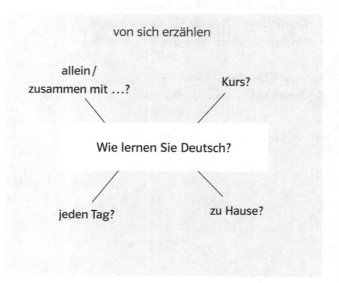

von sich erzählen

allein / zusammen mit …?   Kurs?

Wie lernen Sie Deutsch?

jeden Tag?   zu Hause?

Sprechen, Teil 3

Sie planen gemeinsam die Geburtstagsfeier für Ihren Deutschlehrer.
Besprechen Sie die verschiedenen Punkte und einigen Sie sich. Sehen Sie nur auf Ihre eigene Karte.

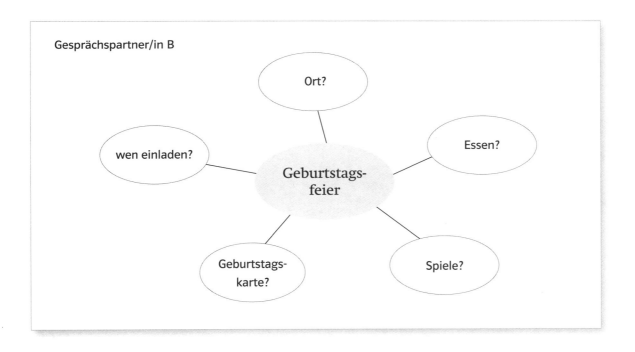

11

1   1. Musiker 2. Instrumente 3. Sängerin 4. Gitarre 5. Klavier

2   1. laut 2. schnell 3. rhythmisch 4. fröhlich 5. traurig 6. langweilig

3   1. f, 2. r, 3. r, 4. f

4a   2f, 3a, 4e, 5c, 6d

4b   2. Was für Musik hörst du? 3. Was für ein Instrument spielst du? 4. Was für einen Beruf hast du? 5. Was für Bücher liest du? 6. Was für eine Fremdsprache sprichst du?

5   1. eine 2. ein 3. ein 4. ein 5. einen

7a   1. Sara geht ins Konzert, weil sie gern Jazz hört. 2. Tim und Franz haben Kopfschmerzen, weil sie zu laut Musik hören. 3. Julia übt jeden Tag Klavier, weil sie am Samstag ein Konzert gibt. 4. Wir sind im Tanzkurs, weil wir tanzen lernen wollen. 5. Elke kauft Konzertkarten, weil ihr Sohn Geburtstag hat.

7b   1. …, weil wir essen. …, weil wir zu Abend essen. 2. …, weil er liest. …, weil er eine E-Mail von Anna liest. 3. …, weil sie arbeiten. …, weil sie jeden Tag zehn Stunden arbeiten. 4. …, weil er kocht. …, weil er das Abendessen kocht.

8   1. laut 2. Schlagzeug 3. Bäuerin 4. mein 5. leise 6. Eis 7. schreiben 8. Kleid 9. heute 10. Traum 11. Mai 12. kaufen

9a   1. sein 2. machen 3. beantragen 4. sein 5. haben, verdienen 6. machen

9b   1. macht ein Praktikum 2. Geld verdient 3. Ausbildung; arbeitslos 4. Asyl beantragt 5. macht ein Austauschprogramm

10a

Infinitiv	Partizip II	Infinitiv	Partizip II
bestellen	bestellt	erzählen	erzählt
bezahlen	bezahlt	erlauben	erlaubt
besuchen	besucht	verdienen	verdient
bekommen	bekommen	vergessen	vergessen
entschuldigen	entschuldigt	verstehen	verstanden

10b   besucht, erzählt, bestellt, vergessen, entschuldigt, verstanden, bezahlt

11a   1. r, 2. f, 3. r, 4. f

11b   1. geworden 2. verdient 3. umgezogen 4. geschrieben 5. geboren 6. gesungen 7. vergessen 8. gefragt

12   1. umgezogen 2. aufgeräumt, eingekauft 3. angerufen, eingeladen 4. mitgebracht, ausgesehen

13   aufgewacht, aufgestanden, gefrühstückt, eingekauft, angerufen, geredet, aufgeräumt, gelegen, ferngesehen

14a   1. r, 2. f, 3. r, 4. f, 5. f, 6. r

14b   1. Schweiz 2. Songs 3. singt 4. studiert 5. Künstlern

12

1a   *zum Beispiel:* Frankfurt: modern, Hochhaus, hektisch, Fluss, chaotisch, Brücke, Kirche; Karlsruhe: ordentlich, ruhig, Schloss, See, Park

1b   der: Park, die Parks; Fluss, die Flüsse; das: Hochhaus, die Hochhäuser; Schloss, die Schlösser; die: Brücke, die Brücken; Kirche, die Kirchen

1c   laut – ruhig; hässlich – schön; klein – groß; chaotisch – ordentlich; interessant – langweilig

3   1. Haus 2. und 3. er 4. Halle 5. hier 6. Ecke

4a   1. Parks sind toll. – Lea findet, dass Parks toll sind. 2. Ich mag Theater und Kinos. – Sven sagt, dass er Theater und Kinos mag. 3. Viele Geschäfte sind wichtig. – Frau Kanz denkt, dass viele Geschäfte wichtig sind.

4b   1. Wir wollen, dass es schöne Parks gibt. 2. Er findet wichtig, dass es viele Bäume gibt. 3. Ich meine, dass zu viele Autos in der Stadt sind.

5   2e, 3f, 4c, 5a, 6b

6a   1. f, 2. f, 3. r, 4. r

6b

+ -er	a → ä, o → ö, u → ü + -er (meist bei kurzen Adjektiven)	besondere Formen
schöner	größer	teurer
interessanter	jünger	besser
gemütlicher		lieber
bequemer		mehr

6c   1. teurer 2. interessanter 3. größer 4. besser 5. lieber

8a   der Kuli, die Kulis; der Schreibtisch, die Schreibtische; die Lampe, die Lampen; das Telefon, die Telefone; die Tastatur, die Tastaturen; die Maus, die Mäuse; der Zettel, die Zettel; der Stift, die Stifte; der / das Laptop, die Laptops

8b   1. zwischen 2. neben 3. vor 4. hinter 6. auf 7. über 8. unter 9. in

8c   1. Der Apfel liegt zwischen der Tasse und der Brille. 2. Die Stifte liegen neben der Tastatur. 3. Hinter dem Telefon liegen Zettel. 4. Die Brille liegt vor der Tastatur. 5. Die Notizzettel liegen unter dem Textmarker. 6. Am Bildschirm hängen keine Zettel. 7. Die Lampe ist über der Tastatur.

9a   1. das Sofa, die Sofas 2. das Kissen, die Kissen 3. der Teppich, die Teppiche 4. das Regal, die Regale 5. das Bett, die Betten 6. der Stuhl, die Stühle 7. der Tisch, die Tische

9b 1. Die Zettel liegen auf dem Boden. Evi legt sie auf den Schreibtisch. 2. Das Buch liegt unter der Pflanze. Evi stellt es ins Regal. 3. Die Jacke liegt hinter dem Sofa. Evi hängt sie über den Stuhl. 4. Das iPad liegt zwischen den Kissen. Evi legt es neben das Bett. 5. Die Tassen stehen im Bücherregal. Evi stellt sie in die Küche.

9c 1. stehen / stellen 2. liegen / legen 3. stehen / stellen 4. liegen / legen, stehen / stellen, hängen 5. liegen / legen, hängen 6. stehen / stellen 7. liegen / legen

9d 1. Ins Schuhregal. 2. Neben dem Fenster, an der Wand. 3. Neben das Regal. 4. Auf den Schreibtisch. 5. Im Bücherregal, neben dem Wörterbuch.

10a 1c, 2b, 3b, 4a

11 Schrank, Richtung, lang, links, eng, Bank, Anfang, Geschenk, Angst

PT 6

Lesen

1 1b, 2a, 3X, 4f, 5d

Hören

1 1b, 2b, 3c, 4a, 5c

Schreiben

1 Anrede: Hi, Liebe / Lieber, Hallo; Gruß: Bis gleich, Bis dann, Liebe Grüße (lg / LG), Bis Samstag, Küsschen

2 am Samstag treffen: a; um fünf: c; im Café Central: c; am Sonntag besuchen: a; vor der Kirche: c; suche einen neuen Job: b; halb sechs: c; möchte Tipps von dir: b; an der Bushaltestelle: c
zum Beispiel: Hi Ella, ich habe zwei Tickets für die Crazy Heroes (Samstag, 20:00 Uhr in der Rockery). Kommst du mit? Wir können uns um 19:30 Uhr an der U-Bahn-Station treffen. Küsschen, Caro

Sprechen

1 1a, 2d, 3b, 4c

2 *zum Beispiel:* Wohnst du in der Stadt? – Hast du schon einmal im Ausland gewohnt? – Warum lernst du Deutsch?

3 *zum Beispiel:* Ich habe einen großen Schreibtisch. Er ist immer unordentlich! – Leipzig. Das ist eine spannende Stadt. – Ja, das möchte ich gern, vielleicht in Frankreich. – Seit dem Sommer.

4 und 5 *zum Beispiel:* Musik: Hörst du gern Musik? – Ja, ich höre gern Musik. / Ordnung: Ist dein Zimmer in Ordnung? – Ja, mein Zimmer ist in Ordnung. / Stadt: In welcher Stadt wohnst du? – Ich wohne in Shanghai. / Ausland: Fährst du gern ins Ausland? – Nein, ich bleibe lieber zu Hause. / Deutsch lernen: Wie lange lernst du Deutsch? – Schon ein Jahr.

13

1a Modegeschäft: das Hemd, die Jacke; Drogerie: die Zahncreme, die Sonnencreme, die Seife; Haushaltswarengeschäft: die Pfanne, der Topf, das Besteck

2 1. Schreibwaren, Zahncreme, Briefumschlag 2. Modegeschäft, Ohrring, Flohmarkt 3. Schuhgeschäft, Buchladen, Uhr

3a Ja, ich hätte gern ein Sommerkleid. – Haben Sie es auch in Rot? – Darf ich es anprobieren? – Kann man das Kleid waschen?

3b 2K, 3K, 4V, 5K, 6V

3c 4-2-1-3-6-5

4 1. Diesen 2. Dieses; Welches; Dieses 3. Diese; Welche; Diese 4. diese; Welche; Diese

5 1. Weil sie immer weniger Zeit haben. 2. Weil Einkaufen im Internet schneller geht. 3. Weil man die Preise besser vergleichen kann. 4. Weil es einen Parkplatz gibt und weil man alles bekommt.

6 1. Ich habe Kopfschmerzen. Ich muss zur Apotheke, weil ich Kopfschmerzen habe. 2. …, weil ich Tante Anna einen Brief geschrieben habe. Ich habe Tante Anna einen Brief geschrieben, deshalb brauche ich eine Briefmarke. 3. …, weil unsere alte Spülmaschine kaputt ist. Unsere alte Spülmaschine ist kaputt, deshalb kaufen wir eine neue Spülmaschine. 4. Ich habe kein Papier mehr. Ich muss in den Schreibwarenladen, weil ich kein Papier mehr habe. 5. Die Sonne scheint. Ich brauche eine Sonnencreme, weil die Sonne scheint.

7 1. bis 2. um, Vor, zwischen 3. Um 4. vor 5. nach, um, nach

9 1. Seit 2. vor 3. vor 4. Seit

10a 1. r, 2. f, 3. f, 4. r

10b Guten Tag; bestellt; Kundennummer; Jacke; Schal; bestellen; Danke

11 1. Fahr … los 2. Helfen Sie; Gehen Sie; geben Sie … ein; sagen Sie 3. Stellt … auf; Packt … aus; Fangt … an; Gib; Stellt

12 dir, dir, mir, dir, mir, dir

13 1. der – das 2. der – den 3. dem – die 4. der – das 5. der – die 6. dem – das

14 1B, 2D, 3A, 4C

15a 2d, 3a, 4f, 5c, 6b
zum Beispiel: Mein Computer ist kaputt und ich muss einen neuen kaufen. Kannst du mir helfen und um 16:00 Uhr zum Einkaufszentrum kommen? Als Dankeschön möchte ich dich dann gern zum Abendessen einladen.

15b *zum Beispiel*: …., morgen muss ich bis 16:00 Uhr arbeiten, aber um 16:30 Uhr kann ich dich am Einkaufszentrum treffen, geht das? Danke für die Einladung, aber abends habe ich leider keine Zeit.

14

2a 2e, 3a, 4d, 5c

2b

Personalpronomen im Dativ			
ich	mir	wir	uns
du	dir	ihr	euch
er	ihm	sie / Sie	ihnen / Ihnen
sie	ihr		
es	ihm		

2c 1. Er schenkt ihnen ein Bild. 2. Es gefällt ihr sehr. 3. Sie gibt ihm fünf Küsse. 4. Sie sind ihm peinlich.

2 1. uns 2. euch 3. ihr 4. mir 5. dir

3 1c, 2b, 3a

7 1. Gruß 2. Fuß 3. Schloss 4. Kasse 5. Pass 6. Größe 7. bisschen

8 1. r, 2. f, 3. r, 4. f

9a 2d, 3b, 4a, 5f, 6g, 7c

9b „sich" passt bei: 1, 2, 4, 6, 7, 9, 12

9c

Reflexivpronomen			
ich	mich	wir	uns
du	dich	ihr	euch
er	sich	sie / Sie	sich
sie	sich		
es	sich		

9d 1. Sie bedanken sich. 2. Er freut sich. 3. Ihr benehmt euch schlecht. 4. Sie fühlt sich sehr wohl. 5. Wir ärgern uns.

10
Auge – sehen; Nase – riechen; Mund – essen; Kopf – denken; Ohr – hören; Hand – schreiben; Arm; Bein; der Fuß – laufen

11 1. elegant 2. lustig 3. hübsch 4. ledig 5. ehrlich 6. kreativ 7. schlank; *Lösungswort:* verliebt

12a 1d, 2X, 3e, 4c, 5a

12b 1. braun 2. verrückte 3. grüne 4. sportlich 5. lang, dunkel 6. langweiliges 7. gute

PT 7

Lesen

1 1b, 2a, 3c, 4c, 5a

Hören

1 1h, 2f, 3d, 4c, 5i

Schreiben

1 *zum Beispiel:* Anrede: Hallo; Entschuldigung: Tut mir leid, aber … / Leider … / Sorry, aber …; Grund: bekomme Besuch / muss zum Arzt / bin im Urlaub; Bitte: Ich brauche deine Hilfe. / Ich habe ein Problem, kannst du mir helfen?; Vorschlag: Wir können … Hast du Lust? / Ich möchte … Kommst du mit? / Möchtest du …? / Willst du …?; Dank: Das ist super. / Danke. / Du hast mir echt geholfen. / Vielen Dank.; Gruß: Bis dann / Bis nächste Woche / Liebe Grüße / Tschüss

2 *zum Beispiel:* Hallo Petra, leider kann ich heute nicht mit dir shoppen, Mäxchen ist krank und muss zum Arzt. Kannst du nächste Woche? Bei mir passt der Mittwoch gut. LG, Larissa

15

1 1. SEGELN 2. VOLLEYBALL 4. TENNIS 5. SKIFAHREN 6. FUSSBALL 7. BASKETBALL 8. RADFAHREN 9. SCHWIMMEN 10. TURNEN 11. BOXEN; *Lösungssatz:* Sport ist gesund.

2a Louis, Jan, Peter, Lisa

2b 1. Louis 2. Peter 3. Louis 4. Lisa

2c

	Komparativ	Superlativ
groß	größer	am größten
schön	schöner	am schönsten
jung	jünger	am jüngsten
alt	älter	am ältesten
klein	kleiner	am kleinsten
häufig	häufiger	am häufigsten
gut	besser	am besten
viel	mehr	am meisten

3a als, als, als, genauso … wie, als, genauso … wie, genauso … wie, genauso … wie

6a kleine, begabter, dunkelhaarige, schneller, blonde, sicherer, große, fantastische, junge, lustige, tolle, erfolgreicher, aktive

6b

der kleine Junge	ein kleiner Junge
das große Mädchen	ein großes Mädchen
die junge Mannschaft	eine junge Mannschaft
die aktiven Spieler	aktive Spieler

6c 1. Das ist ein neuer Fußball. Der neue Fußball war teuer.
2. Das ist ein rotes Auto. Das rote Auto gehört dem Weltmeister.
3. Das ist eine gute Tänzerin. Die gute Tänzerin ist meine Frau.
4. Das sind junge Spieler. Die jungen Spieler trainieren hart.

7a Man soll Wasser trinken. Man soll (sich) duschen.

7b

sollen	
ich soll	wir sollen
du sollst	ihr sollt
er / sie / es soll	sie / Sie sollen

9a 1. r, 2. f, 3. f, 4. f, 5. r

9b 1. Wenn die Person das richtige Wort zum Bild hat, dann darf sie die Karten behalten. 2. Wenn die Karten nicht passen, dann muss man sie wieder auf den Tisch legen. 3. Wenn alle Karten weg sind, dann ist das Spiel vorbei.

10a 1c, 2a, 3d, 4e, 5b

10b 1. Du hast nicht so oft schlechte Laune, wenn du Sport machst.
2. Man kann Fußball spielen, wenn man gern im Team spielt.
3. Man kann laufen gehen, wenn man lieber allein ist.
4. Jochen soll Sport machen, wenn er schlank werden möchte.
5. Susi kann mit ihrer Freundin laufen gehen, wenn sie nicht allein laufen möchte.

11a 1a, 2b, 3b, 4a, 5b

11b beste, zweitjüngste, jünger, begabtesten, wichtigsten, mehr, ältere

12 1. spannendsten, schönste 2. neusten, schnellste 3. erfolgreichste, neuste 4. großartigste

13 Sportler, Stadt, stärkste, Mannschaft, Spieler, geschossen, Zuschauer, gespielt, wunderschön

14a c

14b *zum Beispiel:*
Hallo,
ich habe Ihre Anzeige gelesen und möchte gern mit drei Freundinnen zum Spielenachmittag am Sonntag kommen. Können Sie mir bitte die Adresse schicken? Wie lange geht die Veranstaltung? Sollen wir etwas mitbringen?
Vielen Dank und herzliche Grüße
Zoë Watkins

16

1 1. Touristen 2. buchen 3. Wanderschuhe 4. Strand 5. Landsleute 6. Reiseführer 7. Rucksack 8. Schlafsack 9. Flughafen; *Lösungswort:* Reisefieber

2a aktiv: surfen, Städte besichtigen, wandern, schwimmen; entspannt: in der Sonne liegen, lesen, lange schlafen, die Ruhe genießen

3 1. am 2. auf dem 3. in der 4. am 5. im 6. auf dem 7. in der 8. in den

4a 1c, 2X, 3a, 4d, 5b

5 a. das Schiff b. der Ausflug c. der Zug d. der Wanderschuh

6 1c, 2c, 3b, 4a

7a/b 44,2 %: Urlaub in der Karibik; 31,8 %: Weltreise mit dem Flugzeug; 30,2 %: Shoppen in New York / London / Paris; 29,3 %: Kreuzfahrt; 15,7 %: Rucksack-Weltreise

8 1. der Ausflug – die Ausflüge 2. der Duft – die Düfte 3. der Rucksack – die Rucksäcke 4. das Urlaubsland – die Urlaubsländer 5. der Traum – die Träume 6. der Gruß – die Grüße 7. das Dorf – die Dörfer 8. das Schloss – die Schlösser 9. der Campingplatz – die Campingplätze 10. der Strand – die Strände

9 1. r, 2. f, 3. f, 4. r, 5. f, 6. f

10a 1a, 2b, 3b

10b 1. für 2. auf 3. über, über 4. an, an

10c 1. Wofür interessiert sich Bernd nicht so sehr? – Für Opern.
2. Worüber hat Hanne sich gefreut? – Über eine Einladung.
3. Worüber sprechen Hanne und ihr Mann noch heute? – Über „Aida". 4. Woran denkt Peter noch oft? – An die Musik.
5. Woran erinnert sich Peter? – An das Bühnenbild.

11a München: sonnig; Salzburg: 21°C, windig; Basel: 27°C, bewölkt, trocken; Bern: 16°C, kühl, wechselhaft

12a 1. Doppelzimmer, Balkon 2. Empfang 3. Vollpension

12b 5-1-7-9-3-11-2-6-10-8-4

12c *zum Beispiel:*
Sehr geehrte Damen und Herren,
ich würde gern vom 15. bis 30. August ein Doppelzimmer bei

Ihnen buchen. Ist noch eins frei? Wie viel kostet ein Doppel-
zimmer mit Frühstück? Ich hätte gern ein ruhiges Zimmer mit
Seeblick, und ich möchte meinen Hund mitbringen – ist das
möglich?
Mit freundlichen Grüßen
I-sang Kim

PT 8

Lesen

1   1c, 2b, 3b, 4c, 5a

Hören

1   1a, 2c, 3b, 4a, 5c

Schreiben

1   Wann kommen wir zurück? – c; Das ist eine tolle Idee! – a; Ich
fahre sehr gern mit. – a; ~~Leider kann ich nicht mitkommen.~~;
In welchem Hotel übernachten wir? – b; Die Städtereise ist
eine sehr schöne Idee. – a; Wie heißt das Hotel? – b; ~~Ich bringe
meinen Partner / meiner Partnerin mit, okay?~~; Wo genau
liegt denn das Hotel? – b; ~~Wollen wir nicht lieber nach Berlin
fahren?~~
zum Beispiel:
Lieber Herr Renke,
vielen Dank für die Einladung. Der Bodensee-Ausflug ist eine
tolle Idee, und ich fahre gern mit. Was wollen wir uns am
Bodensee anschauen? Wie lange dauert der Ausflug und wann
sind wir zurück?
Herzliche Grüße
Marius Tomović

Sprechen

2   Einen Vorschlag machen: Wir können (vielleicht) …; Ich würde
gern … Was meinst du?; Wollen wir (vielleicht) … Hast du
Lust? Einverstanden: Okay, wir können es versuchen.; Tolle
Idee!; Ja, gern.
Nicht einverstanden: Dazu habe ich keine Lust.; Tut mir leid,
aber …; Das ist mir zu teuer / schwierig / langweilig.

17

1a   1. in 2. an 3. auf 4. über 5. unter 6. hinter 7. vor 8. zwischen 9.
neben

1b   Wo: vor der Brücke, in einem Park, am Fluss; wohin: über die
Straße, in den Fluss, auf das Bett, in ein Geschäft

1c   1. dem, die 2. dem, ins 3. der, die 4. im, den

3a   Schwein, Pute, Ente, Rind, Schaf, Huhn, Fisch, Vogel, Katze,
Hund, Maus, Gans

4   1. Paula 2. Franziska 3. Goran 4. Marina 5. Tim

5a   1. ärgern sich 2. bedankst dich 3. entspanne mich 4. fühlen sich
5. beeilen uns 6. wundert euch

5b   setzen sich, unterhalten sich, entspannen sie sich, treffen sie
sich, fühlt … sich … wohl, bedankt sie sich, beeilt sich, ärgert
sich, er sich … treffen

5c   1. Immer wenn ich gestresst bin, gehe ich mit dem Hund in
den Park. 2. Immer wenn ich an Jutta denke, ärgere ich mich.
3. Immer wenn ich Gunter im Park sehe, gehe ich schnell um
die Ecke. 4. Immer wenn Fifi Jojo sieht, freut sie sich und bellt.

6   1. nein 2. ja 3. ja 4. nein 5. nein

7a   *zum Beispiel:* 1. Das stimmt, weil man mit dem Hund spazieren
gehen muss. 2. Das kann schon sein, aber ein Leben mit Tieren
ist gut für Kinder. 3. Das ist nicht richtig, denn man muss nicht
das teuerste Hundefutter kaufen. 4. Das sehe ich genauso,
denn ein Hund ist treu. 5. Das sehe ich auch so, aber man hat
mit einem Hund auch Spaß.

8   1. eigentlich 2. nämlich 3. Eigentlich 4. ziemlich 5. nämlich

9a   1f, 2d, 3c, 4a, 5h, 6g, 7e, 8b

9b   1. Das ist gerade ziemlich ungünstig. 2. Das kann ich gern
machen. 3. Das tut mir leid. 4. Störe ich? 5. Ich habe eine Bitte.
6. Ist schon in Ordnung.

10   Aquarium, Komödie, Examen, Psyche, Gymnastik, orientieren,
reagieren, engagieren

13a   1. trotzdem wäscht er nicht ab. 2. trotzdem bringt er den Müll
nicht weg. 3. trotzdem macht er nichts. 4. trotzdem redet Mareike pausenlos. 5. trotzdem ist sie nicht zufrieden. 6. trotzdem
soll ich spülen.

13b   1. Ich habe Stress und sie redet trotzdem. 2. Ich will meine
Ruhe und trotzdem will sie meine Hilfe. 3. Ich habe den
ganzen Tag gearbeitet und ich muss trotzdem die Hausarbeit
machen.

13c   *zum Beispiel:*
<u>Mareike</u> war sauer. Sie hat pausenlos geredet. Ich arbeite
den ganzen Tag und trotzdem soll ich die Hausarbeit machen.
Abends will ich meine Ruhe und trotzdem will sie meine Hilfe.

<u>Jan</u> hat gekocht, aber nicht abgewaschen. Alles war schmutzig.
Ich habe es ihm gesagt und er hat trotzdem nichts gemacht.
Ich war total sauer.

14a   *zum Beispiel:* was: der Krimi, der Action-Film, der Horror-Film,
der Science-Fiction-Film, der Liebesfilm; wer: der Schauspieler,
der Star; wie: spannend, lustig, verrückt, ernst, fantasievoll,
traurig, langweilig

15   1c, 2a, 3b, 4b

18

1a 1C, 2B, 3E, 4A, 5D

1b 2. …, wo ich alle Nachbarn kenne. 3. …, wo meine Familienfotos stehen. 4. …, wo schon meine Großeltern gelebt haben. 5. …, wo alle sich freuen, wenn ich komme.

2 1c, 2a, 3b, 4b

3 7-5-1-3-4-6-2

4 1. auf, Worauf, Aufs 2. für, Für wen, für 3. Worüber, über, auf

5a freue, gewöhne, erinnere, denke, freue, antworte, spreche, interessieren, warte

5b an: denken, erinnern; auf: antworten, freuen; für: interessieren; über: freuen, sprechen

6 1. wollten 2. wollte, konnte 3. konnten 4. wollten 5. musste

7a Vater a, Kurt e, Vanessa c

7b 1. Weil sie keinen Job finden konnte. 2. In vier Monaten. 3. In einem Café.

8 1. r, 2. f, 3. r, 4. f, 5. f, 6. r, 7. r

9a 1. Als 2. Als 3. Wenn 4. Wenn 5. Als 6. Wenn

9b 2. Ich habe meine Freundin einmal besucht, als sie ein Auslandsjahr gemacht hat. 3. Wir möchten die Menschen kennenlernen, wenn wir in ein anderes Land fahren. 4. Wir kochen immer etwas Deutsches, wenn wir unsere amerikanischen Freunde einladen. 5. Die Nachbarn haben uns herzlich begrüßt, als wir wieder nach Hause gekommen sind. 6. Wir fahren immer nach Italien, wenn wir Urlaub haben.

10 Seit mein Vater mir eine Uhr geschenkt hat. – Seit ich hier lebe. – Seit ich hier Arbeit gefunden habe. – Seit ich sie das erste Mal ins Museum mitgenommen habe.

11 seit, seid, seid, seit, Seit, seit, Seid

12 B

13a 1b, 2b, 3a, 4c, 5a

14 1. ab 2. Im 3. um 4. am, bis 5. vor, nach

16 *zum Beispiel:*
Wir sind fünf Personen und würden gern am nächsten Samstag kommen. Ich habe ein paar Fragen: Wie lange dauert eine Führung, und was kostet der Eintritt? Und kann man bei Ihnen Souvenirs kaufen, zum Beispiel Honig? Ich würde mich über eine kurze Nachricht freuen.
Mit freundlichen Grüßen
Thierry Dupont

PT 9

Lesen

1 1b, 2a, 3a, 4c, 5b

Hören

1 1. nein 2. ja 3. nein 4. ja 5. nein

2 1b, 2e, 3a, 4c, 5d

Schreiben

1 Gibt es eine U-Bahn-Station in der Nähe vom Restaurant? – c; Vielen Dank für die Einladung. – a; ~~Soll ich etwas mitbringen?~~; Können Sie mir bitte noch die Adresse schicken? – c; ~~Leider kann ich nicht kommen.~~; Ich habe einen Arzttermin. – b; Ich komme ca. 15 Minuten später. – b; Ich muss meinen Partner / meine Partnerin vom Flughafen abholen. – b; Herzlichen Dank für die Einladung. – a

zum Beispiel:
Liebe Frau Steimer,
vielen Dank für die Einladung, ich habe mich sehr gefreut! Leider kann ich übermorgen nicht kommen. Ich muss nach Kopenhagen fliegen, meiner Mutter geht es nicht gut. Können wir uns zum Kaffee treffen, wenn ich wieder in Rostock bin?
Herzliche Grüße
Freja Johansen

19

1a Meeting, Manager, Marketing, Computer, Laptop, E-Mail, Lift, Poster

1b a. Protokoll, Termin, Kaffee b. Besprechung, Unterlagen, Mitarbeiter c. Konzept, Praktikantin, Office-Party

2a 1a, 2b, 3b, 4b

2b 1. r, 2. f, 3. r, 4. f, 5. f

3 1. Vorgesetzter 2. formell 3. nervig 4. Notfall 5. Firma 6. Vorschlag 7. Vollzeit 8. Fakten 9. schriftlich 10. Chef

4a 1c, 2d, 3b, 4a

4b 2. Ich habe Ihnen die Unterlagen kopiert, die für die Besprechung wichtig sind. 3. Das ist unsere Chefin, die die Besprechung leitet. 4. Wo ist der Mitarbeiter, der den Termin ausgemacht hat?

4c 1. Frau Klose ist die Mitarbeiterin, die Teilzeit arbeitet. 2. Hier ist das Büro, das frisch renoviert ist. 3. Wo sind die Rechnungen, die hier gelegen haben? 4. Herr Schneider ist der Kunde, der immer viele Fragen hat.

5a 70 %: wenn die Toilette schmutzig ist; 59 %: wenn die Kollegen schlechte Laune haben; 59 %: wenn die Küche schmutzig ist; 51 %: wenn die Kollegen unpünktlich sind; 50 %: wenn ein

Kollege / eine Kollegin laut privat telefoniert; 23 %: wenn sie lange am Kopierer warten müssen

6   1. ja 2. nein 3. ja 4. nein 5. nein

7   1b, 2c

8   *zum Beispiel:* 1. Wärst du bitte ein bisschen leiser? 2. Wären Sie so nett und würden das Protokoll schreiben? 3. Würdet ihr bitte eure Handys ausmachen?

9a   2d, 3a, 4b, 5c

9b   2. die 3. das 4. die 5. ein a. es b. sie c. ihn d. sie

9c   2. Hast du die Überstunden notiert, die du im letzten Monat gemacht hast? 3. Leitest du mir bitte das Protokoll weiter, das du nach dem Meeting geschrieben hast? 4. Kennst du die neue Kollegin, die du im Lift gegrüßt hast? 5. War das ein wichtiger Termin, den der Kunde abgesagt hat?

9d   der, den, der, das, die, den, die

10a   1. dafür 2. dafür 3. dagegen 4. weiß nicht 5. dafür

11   1f, 2g, 3b, 4d, 5c

12   2-7-3-1-8-9-6-5-4

13a   1c, 2e, 3b, 4d, 5a

13b   b. dem c. den d. dem e. der

13c   2. Schickst du ihr das Protokoll? 3. Ich wünsche ihm einen guten Start im Team. 4. Leiht ihr ihm eure Kopierkarte? 5. Wir könnten ihr eine schöne Tasse schenken.

14   1X, 2a, 3e, 4c, 5b

20

1c   Wien.

1d   1. f, 2. r, 3. f, 4. f, 5. r

2   1e, 2f, 3g, 4d, 5h, 6b, 7a, 8c

3   1b, 2c, 3c, 4a

4a   von 0 bis 100 %: niemand / keiner – jemand / einer – wenige – viele – jeder / alle

4b   1. Jeder 2. keiner 3. man 4. jemand 5. jeden 6. jemand nicht

5   1. nein 2. nein 3. ja 4. nein 5. ja

6a   1a, 2b, 3a, 4a

6b   1. Wir treffen uns einmal im Monat. 2. Könnt ihr euch verstehen? 3. Sie haben sich in Wien kennengelernt. 4. Wir können uns nicht einigen. 5. Ihr habt euch geküsst.

7a   die … entlang, an der … vorbei, durch den, gegenüber dem, durch den, an der … vorbei, die … entlang, am … vorbei, dem, dem

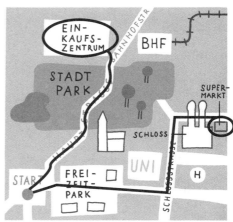

7b   *zum Beispiel:* … geradeaus bis zur Straße „Wiedner Gürtel". Dort gehst du rechts. Geh diese Straße entlang, an ein paar Restaurants vorbei und an der großen Kreuzung geradeaus. Links sieht man das Schloss Belvedere. Das Hotel liegt links.

7d   1b, 2b, 3c, 4a

8   werde, werde, werdet, wird, wirst, werden

10   1c, 2a, 3X, 4e, 5b

11   1. umweltfreundlich 2. Umweltbedingung 3. Lebensqualität 4. lebenswert 5. weltweit 6. Biogemüse 7. Grünfläche 8. Freizeit 9. wertvoll 10. erfolgreich

12a   1. …, wo Mozart in Wien gewohnt hat. 2. …, ob man im Hotel Sacher einen Tisch reservieren muss. 3. …, wie das älteste Kaffeehaus in Wien heißt. 4. …, ob man auch am Sonntag auf dem Naschmarkt einkaufen kann.

PT 10

Lesen

1   1a, 2b, 3b, 4c, 5c

Hören

1   1b, 2b, 3c, 4a, 5a

Schreiben

1   Morgen passt gar nicht. Sorry, aber morgen geht es echt nicht.

2   *zum Beispiel:*
Liebe Frau Roth,
leider kann ich nicht zum Kurs kommen, ich bin krank. Der Arzt sagt, es wird 1 bis 2 Wochen dauern. Können Sie mir in dieser Zeit bitte die Hausaufgaben mailen? Dann kann ich zu Hause ein bisschen lernen.
Vielen Dank und herzliche Grüße
Musa Ibrahimi

Modelltest

Lesen, Teil 1

1c, 2b, 3c, 4c, 5b

Lesen, Teil 2

6c, 7a, 8c, 9a, 10b

Lesen, Teil 3

11b, 12a, 13c, 14c, 15c

Lesen, Teil 4

16a, 17e, 18b, 19X, 20f

Hören, Teil 1

1b, 2c, 3b, 4c, 5c

Hören, Teil 2

6h, 7e, 8b, 9g, 10d

Hören, Teil 3

11a, 12c, 13a, 14b, 15c

Hören, Teil 4

16. nein 17. nein 18. ja 19. ja 20. nein

Schreiben, Teil 1

zum Beispiel: Hi Aljoscha, ich gehe heute Nachmittag ins Schwimmbad, willst du mitkommen? Wir können uns um halb drei am Eingang treffen. Schreib mir kurz, ob du Lust hast, okay? LG, Siggi

Schreiben, Teil 2

zum Beispiel:

Liebe Frau Schneider,

ich habe mich sehr über Ihre Einladung gefreut, vielen Dank! Wirklich schade, aber ich kann leider nicht kommen, weil ich beruflich
ein paar Tage nach Chemnitz muss. Am Wochenende bin ich wieder
da. Hätten Sie dann vielleicht Lust auf Kaffee und Kuchen bei mir?

Viele Grüße

Vincenzo Sangineto

Lesen

Es gibt vier Teile. Sie lesen eine E-Mail, Informationen und Artikel aus der Zeitung und dem Internet. Für jede Aufgabe gibt es nur eine richtige Lösung.

Lesen, Teil 1

Sie lesen in einer Zeitung diesen Text. Wählen Sie für die Aufgaben die richtige Lösung a , b **oder** c .

„Hier ist es nie langweilig"

Robert Franke erzählt von seiner Arbeit in einer Schul-Cafeteria

Seit 20 Jahren ist Robert Franke an der Käthe-Kollwitz-Gesamtschule. Aber er ist natürlich kein Schüler, er arbeitet an der Schule. In der Cafeteria sitzt Herr Franke oft an der Kasse, aber er kümmert sich auch um Speisen und Getränke. „Die Arbeit macht mir wirklich viel Spaß", sagt Herr Franke im Interview. „Ich rede gern mit Menschen" und in der Cafeteria ist immer etwas los. In den Pausen sind Schüler und auch Lehrer und Lehrerinnen dort, kaufen Kaffee oder Milch, Brötchen oder auch mal Schokolade."

Wir besuchen Herrn Franke in der Cafeteria. In der ersten großen Pause ist es laut – die Kinder lachen und rufen, aber Herr Franke bleibt ruhig. „Das stört mich nicht", sagt er. Wir sehen zwei Lehrer – und die finden es nicht so toll, dass es so laut ist. Sie gehen zu einer Gruppe von Jugendlichen, sprechen mit ihnen, und dann wird es auch etwas ruhiger.

Und wie finden die Schüler und Schülerinnen die Cafeteria? Wir fragen Tamara aus der 7. Klasse. „Ganz gut", meint sie, „aber ich möchte gern auch mal frischen Saft und mehr Obst haben."

Herr Franke hat das gehört und macht sich eine Notiz. „Das kommt auf meine Liste", sagt er und lächelt.

(markers: 1, 2, 3, 4, 5)

Beispiel

0 Herr Franke …
   a arbeitet in einem Café im Kaufhaus.
   ☒ berichtet von seiner Arbeit an einer Schule.
   c findet seine Arbeit nicht interessant.

1 In der Cafeteria …
   a arbeitet Herr Franke als Kassierer.
   b kocht Herr Franke das Essen.
   ☒ macht Herr Franke verschiedene Arbeiten.

2 Herr Franke …
   a kauft oft etwas für sich selbst.
   ☒ spricht gern mit den Kindern und den Lehrern und Lehrerinnen.
   c verkauft am liebsten Getränke.

3 Wenn die Jugendlichen laut sind, …
   a findet Herr Franke das nicht gut.
   b gehen die Lehrer nach draußen.
   ☒ stört das einige Lehrer und Lehrerinnen.

4 Tamara …
   a findet das Angebot in der Cafeteria schlecht.
   b kauft am liebsten Getränke in der Cafeteria.
   ☒ möchte gern auch z. B. Äpfel oder Bananen kaufen.

5 Herr Franke …
   a will das Angebot in der Cafeteria nicht ändern.
   ☒ will bald auch Obst in der Cafeteria anbieten.
   c schreibt jeden Tag eine Einkaufsliste.

Lesen, Teil 2

Lesen Sie das Programm für das Sommerfest in Neustadt. Wohin gehen Sie?
Wählen Sie die richtige Lösung a, b oder c.

Sommerfest Neustadt – Programmübersicht

Sporthalle	Informationen über Sportvereine aus Neustadt Vormittag: Flohmarkt für Spiele und Sportsachen
Theater	Vormittag: Musikvereine aus Neustadt informieren 16:00 Uhr Konzert: Neustädter Musiker und Chor
Kino	Vormittag: Schulen aus Neustadt stellen sich vor 15:00 Uhr: „Wie es früher war" (Film über die Geschichte von Neustadt)
Rathausplatz	9:30 Uhr: Informationen über das neue Schwimmbad 10:00/12:00/14:00 Uhr: Fußball für Kinder ab 6 Jahren
Museum	Ausstellung: Maler aus Neustadt ab 14:00 Uhr: Malen für Jugendliche ab 12 Jahren
Stadtpark	9:00 Uhr: Joggen mit dem Bürgermeister (Erwachsene) Grillen & mehr: Essen und Getränke den ganzen Tag

Beispiel

0 Sie möchten Musik hören.
a Sporthalle
b Stadtpark
☒ anderer Ort

6 Sie möchten ein günstiges Spiel kaufen.
a Kino
b Museum
☒ anderer Ort — In der Sporthalle ist ein Flohmarkt für Spiele und Sportsachen.

7 Ihr 8-jähriger Sohn möchte mit anderen spielen.
☒ Rathausplatz — Auf dem Rathausplatz gibt es Fußball für Kinder ab sechs.
b Sporthalle
c anderer Ort

8 Sie haben Durst.
a Kino
b Theater
☒ anderer Ort — Im Stadtpark gibt es Getränke.

9 Sie brauchen Informationen über die Schulen in Neustadt.
☒ Kino — Im Kino stellen sich Schulen aus Neustadt vor.
b Sporthalle
c anderer Ort

10 Sie möchten mehr über einen Fußballverein wissen.
a Rathausplatz
☒ Sporthalle — In der Sporthalle gibt es Informationen über Sportvereine aus Neustadt.
c anderer Ort

Lesen, Teil 3

Sie lesen eine E-Mail. Wählen Sie für die Aufgaben die richtige Lösung a , b oder c .

Hallo Ma Ying,

es tut mir leid, dass ich so lange nicht geschrieben habe. Ich bin von Hamburg nach Berlin umge-zogen und hatte total viel Arbeit in der neuen Wohnung. Aber jetzt ist alles fertig und ich habe eine ganz tolle neue Küche. Komm doch mal vorbei, du kannst auch gern ein paar Tage bleiben! **— 11**

12 — Wie geht es dir denn so? Du hast ja eine neue Arbeit gesucht – hast du schon etwas gefunden? Wenn du willst, kann ich dir bei der Suche helfen – sag einfach Bescheid! Und wie geht es deiner **13 —** Schwester? Du hast geschrieben, dass sie hier in Deutschland studieren will. Ist sie jetzt schon in Deutschland? Übrigens: Meine Schwester heiratet in drei Monaten. Ich finde das unglaublich! Sie ist doch sechs Jahre jünger als ich und jetzt heiratet sie schon! Aber natürlich freue ich mich!

Nächsten Monat möchte ich gern eine kleine Umzugsparty machen. Ich weiß, es ist ein bisschen spät, aber ich hatte einfach keine Zeit. Natürlich lade ich dich auch ganz herzlich ein! Wahrschein- **— 14** lich ist die Party am 23., das ist ein Samstag, aber genau weiß ich es noch nicht. Ich melde mich noch mal, wenn der Termin feststeht. Dann kannst du auch endlich meine Freunde und Freundin-nen hier kennenlernen. Meine neuen Nachbarn werden auch kommen, die sind alle wirklich nett und haben mir beim Umzug geholfen. **15**

Melde dich doch mal wieder! Ich würde mich wirklich freuen, wenn wir uns bald mal sehen, vielleicht bei meiner Party oder einfach so.

Viele Grüße
Hannah

11 Hannah …
a hat eine neue Wohnung in Hamburg.
[X] lebt jetzt in einer anderen Stadt.
c zieht bald um.

12 Hannah …
[X] bietet Ma Ying Hilfe an.
b hat eine neue Stelle.
c sucht einen neuen Job.

13 Die Schwester von Ma Ying …
a heiratet bald.
b ist jünger als Ma Ying.
[X] will in Deutschland auf die Universität gehen.

14 Hannah …
a will keine Umzugsparty machen, weil sie es zu spät findet.
b möchte nächsten Samstag eine Party machen.
[X] weiß den Termin für die Party noch nicht sicher.

15 Zur Umzugsparty …
a kommen die Nachbarn von der alten Wohnung.
b lädt Hannah nur Freunde und Ma Ying ein.
[X] lädt Hannah außer ihren Freunden und Freundinnen auch Nachbarn ein.

Lesen, Teil 4

Sechs Personen suchen im Internet nach Wohnungen. Lesen Sie die Aufgaben und die Anzeigen a bis f.
Welche Anzeige passt zu welcher Person? Für eine Aufgabe gibt es keine Lösung. Markieren Sie so: ☒.
Die Anzeige aus dem Beispiel können Sie nicht mehr wählen.

Beispiel

0 Karin sucht eine 1-Zimmer-Wohnung mit Balkon. | d |

16 Gudrun möchte nah an einer Straßenbahnhaltestelle wohnen. | a |

17 Julia möchte gern eine Wohnung mit Garten haben. | e |

18 Justus und Samira haben Katzen und suchen eine ruhige Wohnung. | b |

19 Herr und Frau Müller suchen eine ruhige Wohnung im Erdgeschoss. | ☒ |

> Nur die Wohnung a ist im EG, aber sie ist nicht ruhig (große Kreuzung, Straßenbahnhaltestelle) und Haustiere sind nicht erlaubt.

20 Familie Wolter (2 Erwachsene, 3 Kinder, 1 großer Hund) sucht eine billige Wohnung. | f |

| a | 2 Zimmer – Küche – Bad im EG ab 1.7. frei, Miete 350 Euro, Nebenkosten 100 Euro. Zentral in der Innenstadt (große Kreuzung, Straßenbahn direkt vorm Haus), leider kein Balkon. Einbauküche in der Wohnung. Keine Haustiere. |

| b | 2,5-Zimmer-Wohnung im 2. OG ab dem 1. August zu vermieten. Wir suchen ruhige Mieter, kleiner Hund oder Katzen sind ok, 70 m² mit Balkon. Ruhige Straße, wenig Verkehr. Zuschriften unter wohnung@gmz.eu |

> Diese Wohnung bekommt Karin (Beispiel), Sie können die Anzeige also nicht mehr wählen.

| c | **Ruhige Seitenstraße, 3 Zimmer, 65 m², renoviert. Wir planen einen Balkon (ca. in einem Jahr). Wohnung ist im 4. OG (kein Aufzug), Keller und Garage sind vorhanden. 400 Euro + Nebenkosten. Bitte keine Haustiere. Besichtigung Freitag ab 17 Uhr.** |

| d | 1-Zimmer-Wohnung (35 m²), 3. Stock, ab sofort frei. Supermärkte und Apotheke in der Nähe, leider keine öffentlichen Verkehrsmittel. Miete 230 Euro, Nebenkosten 95 Euro. Die Wohnung hat einen kleinen Süd-Balkon mit traumhafter Aussicht! |

| e | Kleine Wohnung (1 Zimmer) im Dachgeschoss ab 15.8. frei. Ruhiges Haus (ca. 3 km zum Zentrum), nette Mieter. Keine Haustiere. Kein Balkon, aber Gartennutzung. |

| f | Wohnung in der Stadtmitte (1. OG) ab sofort frei. Im EG ist ein Restaurant mit Terrasse – deshalb leider nicht sehr ruhig. Aber die Wohnung ist günstig, 85 m² für nur 550 Euro inkl. Nebenkosten! Gern auch Familien mit Kindern und/oder Haustieren |

Hören Track 35

Es gibt vier Teile. Sie hören Sendungen aus dem Radio, Gespräche, Nachrichten auf dem Anrufbeantworter und Durchsagen. Lesen Sie zuerst die Aufgabe, hören Sie dann den Text dazu. Kreuzen Sie die richtige Lösung an.

Hören, Teil 1

Sie hören fünf kurze Texte. Sie hören jeden Text zweimal. Wählen Sie die richtige Lösung a, b oder c.

1 Wann fährt heute ein Zug nach Amsterdam?

a Heute fährt kein Zug nach Amsterdam.
☒ Um 10:15 Uhr.
c Um 10:50 Uhr.

> Sie hören: „Der ICE121 nach Amsterdam hält heute nicht in Köln und fährt heute schon um 10:15 Uhr ab, nicht um 10:50 Uhr."

2 Wie ist das Wetter morgen?

a Es gibt Gewitter und bleibt warm.
b Es regnet den ganzen Tag.
☒ Trocken und kälter als heute.

> Sie hören: „… morgen wird es deutlich kühler mit Temperaturen um die 18 Grad. Tagsüber bleibt es aber trocken."

3 Wo soll Matthias auf Jochen warten?

a Am Bahnhof.
☒ Am Eiscafé.
c Zu Hause.

> Sie hören: „… wir treffen uns am besten direkt im Eiscafé, dann komme ich vom Bahnhof sofort da hin. Warte doch einfach am Eingang auf mich …"

4 Was soll Inge mitbringen?

a Essen.
b Getränke.
☒ Musik.

> Sie hören: „… du hast doch immer so gute Musik – kannst du die mitbringen?"

5 Was sollen die Kunden machen?

a Die Einkäufe morgen bezahlen.
b In einer Viertelstunde zur Ka[s]
☒ Sofort zur Kasse gehen.

> Sie hören: „Bitte gehen Sie jetzt zu den Kassen."

Hören, Teil 2

Sie hören ein Gespräch. Sie hören den Text einmal. Wer kümmert sich um was?
Wählen Sie für die Aufgaben 6 bis 10 ein passendes Bild aus a bis i. Wählen Sie jeden Buchstaben nur einmal.
Sehen Sie sich jetzt die Bilder an.

	Beispiel: 0	6	7	8	9	10
Personen	Rosi	Ingo	Carmen	Ismail	Dorothee	Thomas
Lösung	c	h	e	b	g	d

a
b
c

> Sie hören: „Thomas will auch gern helfen." Und etwas später: „Er soll Blumen mitbringen."

> Sie hören: „… dann kann Dorothee sich um den Kaffee und Tee kümmern."

d
e
f

> Sie hören: „Ismail hat ein großes Auto, dann kann er die kalten Getränke mitbringen, Wasser, Limo, Saft …"

> Sie hören: „…vielleicht kann Carmen noch ein paar Stühle aus ihrem Garten mitbringen."

g
h
i

> Das Gespräch ist zwischen Rosi und Ingo. Ingo sagt: „Deshalb möchte ich gern Kuchen mitbringen."

Hören, Teil 3

Sie hören fünf kurze Gespräche. Sie hören jeden Text einmal. Wählen Sie die richtige Lösung a, b oder c.

11 Was bestellt der Mann?

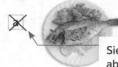 a ⊠   b    c

Sie hören: „Hm, also Fisch … ich weiß nicht. Na gut, aber dann bitte mit Gemüse und nicht mit Salat."

12 Was kauft die Frau?

a    b    c ⊠

Die Frau findet das Müsli teuer, aber am Ende sagt sie: „ … aber dann probiere ich es mal."

13 Wohin soll Herr Schneider gehen?

a ⊠    b    c

Sie hören: „Gut, dann gehen Sie jetzt erst mal zu einer Fachärztin." Schwimmen wäre das Beste, aber Herr Schneider kann nicht schwimmen.

14 Was leiht sich Gisela aus?

a   b ⊠   c

Sie hören: „Willst du mein Fahrrad?" - „Ja, prima."
Eigentlich will Gisela Waschmittel leihen, aber Wolfgang hat keins. Sie kann auch nicht sein Auto leihen, denn das ist zur Reparatur.

15 Was muss Frau Sorge das nächste Mal mitbringen?

a   b    c ⊠

Sie hören: „Oh, muss ich sofort zahlen?" - „Nein, das können Sie auch machen, wenn Sie den Pass abholen. Das dauert etwa 6 Wochen."
Also muss Frau Sorge Geld mitbringen.

Hören, Teil 4

Sie hören ein Interview. Sie hören den Text zweimal. Wählen Sie ja **oder** nein **. Lesen Sie jetzt die Aufgaben.**

Beispiel

0 Frau Schick arbeitet mit Büchern.   ⊠ja   nein

16 Frau Schick hatte früher Haustiere.   ja   ⊠nein ←

Darüber hört man nichts. Sie hören nur: „Als Kind wollte ich mit Tieren arbeiten."

17 Frau Schick hat schon als Kind Bücher   ja   ⊠nein ←

Sie hören: „Lesen Sie heute auch noch so viel?" - Hm, ich habe weniger Zeit zum Lesen, weil ich mich in der Freizeit lieber mit Freunden treffe."

Sie hören: „Als Jugendliche habe ich dann aber sehr, sehr viel gelesen – und da hat meine

18 Früher hat Frau Schick mehr Büch   →⊠ja   nein

19 Der Radiomode   →⊠ja   nein

Sie hören: „Ich habe mich gefragt, ob wir heute noch eine Bibliothek brauchen. Ehrlich gesagt bin ich selten da und leihe Bücher oft von Freunden aus."

„Vor etwa zehn Jahren sind tatsächlich weniger Menschen in die Bibliothek gekommen. (…) Aber heute – die Leute

20 Vor einigen Jahren hatte die Bibliothek mehr Besucher als jetzt.   ja   ⊠nein ←

mögen lieber richtige Bücher, es kommen wieder viele Menschen zu uns und leihen Bücher aus."

Schreiben

Es gibt zwei Teile. Sie schreiben eine SMS / Nachricht und eine E-Mail.

Schreiben, Teil 1

Es ist Sonntag. Sie möchten mit Ihrem Bekannten Aljoscha etwas unternehmen.
Schreiben Sie eine kurze Nachricht an Aljoscha.

- Schreiben Sie, was Sie machen möchten. ← Beispiel: Schwimmbad
- Fragen Sie nach einem Treffpunkt. ← Beispiel: Eingang
- Bitten Sie um Antwort. ← Beispiel: Schreib mir kurz, ob du Lust hast, okay?

Schreiben Sie 20–30 Wörter.
Schreiben Sie zu allen drei Punkten.

zum Beispiel:

> Hi Aljoscha, ich gehe heute Nachmittag ins Schwimmbad, willst du mitkommen?
> Wir können uns um halb drei am Eingang treffen. Schreib mir kurz, ob du Lust
> hast, okay? LG, Siggi

Schreiben, Teil 2

Ihre Nachbarin, Frau Schneider, hat Sie zum Geburtstag eingeladen. Sie haben keine Zeit.
Schreiben Sie ihr eine E-Mail.

- Bedanken Sie sich für die Einladung. ← Beispiel: gefreut - vielen Dank
- Begründen Sie, warum Sie nicht kommen. ← Beispiel: beruflich nach Chemnitz
- Machen Sie einen Vorschlag für ein Treffen. ← Beispiel: Wochenende - Kaffee und Kuchen bei mir

Schreiben Sie 30–40 Wörter.
Schreiben Sie zu allen drei Punkten.

zum Beispiel:

> Liebe Frau Schneider,
> ich habe mich sehr über Ihre Einladung gefreut, vielen Dank! Wirklich schade, aber ich kann
> leider nicht kommen, weil ich beruflich ein paar Tage nach Chemnitz muss. Am Wochenende
> bin ich wieder da. Hätten Sie dann vielleicht Lust auf Kaffee und Kuchen bei mir?
> Viele Grüße
> Vincenzo Sangineto

LEKTION 11

Track 1 Seite 6, 8

1: laut

2: Schlagzeug

3: Bäuerin

4: mein

5: leise

6: Eis

7: schreiben

8: Kleid

9: heute

10: Traum

11: Mai

12: kaufen

Track 2 Seite 7, 9b

Marco: Hallo ich bin Marco. Ich habe Freunde in Österreich besucht und habe dort meine Frau kennengelernt. Ich habe mich gleich in Viola verliebt. Jetzt sind wir verheiratet und leben in Klagenfurt.

Lieke: Ich heiße Lieke. Ich studiere Pharmazie. Ich mache ein Praktikum in Basel.

Ela: Tag, ich bin Ela. Im Sommer arbeite ich immer in der Hotelküche auf der Insel Rügen. Auch dieses Jahr habe ich dort Geld verdient.

José: Guten Tag. Ich heiße José. Viele Jugendliche haben in meinem Land keine Arbeit. Ich bin Informatiker von Beruf. In Frankfurt habe ich ohne Probleme Arbeit bekommen.

Sami: Mein Name ist Sami. In meinem Land ist Krieg. Ich bin mit meiner Familie geflüchtet. Wir haben hier Asyl beantragt.

Kathie: Hi, ich bin Kathie. Mein Professor hat mir über das Austauschprogramm in Freiburg erzählt. Jetzt studiere ich hier Medizin.

Track 3 Seite 9, 14a

Guten Tag, liebe Hörerinnen und Hörer. In unserer Reihe „Musik heute" stellen wir Ihnen ein Duo aus der Schweiz vor: Kami Awori. Juline ist die Produzentin und arrangiert die Songs, Cynthia macht die Texte und singt. Sie hat in Kanada Jazz und Film studiert. Die zwei Genferinnen sind 26 Jahre alt. Zurzeit reisen sie viel, weil sie an ihrem neuen Album arbeiten: Paris, New York, Johannesburg. Juline und Cynthia haben in den USA, der Karibik und in Afrika gespielt, studiert und an Projekten mitgearbeitet. Ihre afro-karibische Herkunft ist sehr wichtig für sie. Sie arbeiten mit Künstlern aus der ganzen Welt zusammen und leben jetzt in Paris. Vielleicht ziehen sie aber auch bald wieder um, weil sie überall auf der Welt zu Hause sind. Wir sind schon neugierig. Hören wir nun ihren neuen Song.

LEKTION 12

Track 4 Seite 11, 3

1: Haus

2: und

3: er

4: Halle

5: hier

6: Ecke

Track 5 Seite 15, 9d

A: Ach, Paul, jetzt stehen deine Schuhe ja wieder vor der Tür. Kannst du sie denn nicht in das Schuhregal stellen?

B: Oder soll ich sie nicht unter das Sofa stellen?

A: Haha, sehr witzig! Apropos Sofa. Findest du es schön, dass es jetzt neben dem Fenster an der Wand steht?

B: Ja, mir gefällt es so. Wohin willst du es denn stellen?

A: Neben das Regal.

B: Hmh, ich weiß nicht. Ja, vielleicht passt es besser neben das Regal. Aber auf jeden Fall muss es auf dem Teppich stehen. Hast du mein Smartphone gesehen?

A: Ja, ich habe es auf den Schreibtisch gelegt.

B: Dort liegt es aber nicht mehr. Aaah, hier ist es. Ich habe es gefunden. Es liegt hier im Bücherregal neben dem Wörterbuch.

A: Du bist eben doch sehr ordentlich.

Track 6 Seite 15, 11

1: der Schrank

2: die Richtung

3: lang

4: links

5: eng

6: die Bank

7: der Anfang

8: das Geschenk

9: die Angst

Track 7 Seite 17, zur Prüf. 6, Bsp.

0

Mara: Hi Paul. Ich bin's, Mara. Ich bin noch im Büro und bei mir wird es leider ein bisschen später, weil ich noch etwas für morgen fertig machen muss. Aber ich freue mich schon sehr auf den Film. Der Film kommt aber nicht im Gloria, sondern im Cineplex, dem neuen modernen Kino neben dem Einkaufszentrum. Am besten wartest du direkt vor dem Kino auf mich. Bis später! Küsschen.

Track 8 Seite 17, zur Prüf. 6, Auf.

1

Hallo Ben, hier ist Moni. Ich suche den Brief von Omi und kann ihn nicht finden. Vielleicht habe ich ihn ja in meinem Zimmer liegen lassen. Kannst du mal schauen? Ich habe ihn gestern im Wohnzimmer gelesen, vielleicht ist er unter das Sofa gefallen. Wenn du ihn gefunden hast, leg ihn bitte auf den Wohnzimmertisch, oder nein, warte mal … Leg ihn lieber auf meinen Schreibtisch. Vielen Dank und bis später! Tschüss.

2

Freitagabend und endlich Wochenende! Dazu unsere Tipps, liebe Hörerinnen und Hörer. Wir haben einen ganz besonderen Tipp für unsere Musikfans: LinguaPlus kommt mal wieder in die Stadt, am Samstagabend tritt die coole Band um 21:00 Uhr im „Capitol" auf. Und die gute Nachricht: Es gibt noch Karten! Wer es gern etwas ruhiger mag: Am Samstagabend um 20:00 Uhr tritt die junge koreanische Pianistin Sora Kim im Schloss auf. Karten erhalten Sie direkt dort. Und bleiben wir bei Korea. Am Sonntagabend um 20:30 Uhr läuft im Haus der Kulturen ein Film über „Seoul".

3

Hallo Ella, hier ist Claudi. Ich habe noch fünf Karten für LinguaPlus bekommen. Es waren die letzten. Die Karten kosten für uns Studenten 17 Euro. Du kannst mir das Geld dann später geben. Wir könnten ja auch vorher noch etwas essen. Ich war schon lange nicht mehr bei „Los Gringos". Ach, und die Karte für Tom kostet 25 Euro. Er ist ja kein Student mehr. Ich freue mich schon sehr. Bis dann!

4

Hi Mike, Tobi hier. Du hast doch gesagt, dass du einen guten Gitarristen kennst. Kannst du mir bitte mal seine Nummer geben? Ich will ihn fragen, ob er mir Tipps geben kann, wie ich meinen Stil verbessern kann. Ach, und wir brauchen für unsere Band noch eine weibliche Stimme. Wir haben ja Pete als Sänger, aber wir wollen jetzt noch eine Sängerin, die eine gute Jazz-Stimme hat. Kennst du jemanden? Ruf mich doch bitte zurück. Ciao.

5

Guten Tag. Sie haben die Nummer von City-Tours Karlsruhe gewählt. Unser Büro ist morgen wieder ab 8:00 Uhr geöffnet. Achtung, eine Änderung für unsere Touren durch die Innenstadt: Der Treffpunkt ist direkt am Bahnhof, am Haupteingang. Von dort starten wir mit unserer Tour durch die Stadt. Wenn Sie mit uns nur das Schloss und den Park besuchen möchten, kommen Sie bitte direkt an den Eingang vom Schloss.

LEKTION 13

Track 9 Seite 23, 10a

A: Lima Moden, Online-Verkauf. Guten Tag.

B: Guten Tag. Ich habe vor 3 Wochen einen Schal bestellt, aber es ist immer noch nicht da. Was ist da passiert?

A: Geben Sie mir bitte Ihre Kundennummer?

B: Ja, Moment … 34598921

A: Ich kann keine Bestellung finden. Sie haben zuletzt eine rote Jacke bei uns gekauft.

B: Das ist richtig. Die Jacke habe ich auch bekommen. Aber den Schal leider nicht.

A: Das tut mir sehr leid. Bitte bestellen Sie den Schal noch einmal per Internet.

B: Kann ich ihn gleich direkt bei Ihnen bestellen?

A: Nein, das ist leider nicht möglich.

B: Oh. Gut, dann bestelle ich den Schal noch einmal online. Danke. Auf Wiederhören.

LEKTION 14

Track 10 Seite 28, 8

Radiosprecher: Willkommen, liebe Hörerinnen und Hörer. Heute haben wir für Sie auf der Straße Menschen gefragt, wann Sie sich schämen und in welcher Situation sie sich fremdschämen. Hören wir uns die Antworte an.

Interviewer: Guten Tag, ich bin von Antenne 3, wir machen ein Interview zum Thema „Schämen und Fremdschämen". Haben Sie kurz Zeit für ein paar Fragen?

Frau Dussmann: Ja gern, aber nur wenn es nicht lange dauert. Ich habe nur wenig Zeit. Ich muss zum Arzt und möchte natürlich pünktlich sein.

Interviewer: Es geht ganz schnell. Darf ich Sie nach Ihrem Namen fragen?

Frau Dussmann: Ich heiße Dussmann.

Interviewer: Frau Dussmann, wie wichtig ist für Sie Pünktlichkeit?

Frau Dussmann: Sehr wichtig und es ist mir sehr unangenehm, nicht pünktlich zu sein.

Interviewer: Schämen Sie sich dann?

Frau Dussmann: Na ja, schämen nicht gerade, aber es ist mir extrem unangenehm.

Interviewer: Und wann haben Sie sich das letzte Mal für andere geschämt, also fremdgeschämt?

Frau Dussmann: Ach, da habe ich ganz viele Beispiele, weil ich täglich mit dem Bus fahre: Die Leute telefonieren ganz laut und das macht ihnen gar nichts aus, dass sie die anderen stören. Ich finde das schrecklich, aber meiner Freundin macht das gar nichts aus. Und ich ärgere und schäme mich, dass alte Leute ganz oft im Bus stehen müssen. Ich biete ihnen immer meinen Sitzplatz an. Oh, jetzt muss ich mich aber beeilen. Ich will ja nicht zu spät kommen.

Interviewer: Natürlich nicht! Vielen Dank, dass Sie sich die Zeit genommen haben.

Frau Dussmann: Gern geschehen.

Track 11 Seite 33, zur Prüf. 7, Bsp.

Tom: Hallo, Bea! Gut siehst du aus, geht es dir wieder besser?

Bea: Ah hallo Tom. Ja, danke. Ich war gerade in der Apotheke und habe Tabletten gekauft. Ich will ja heute Abend fit sein fürs Shoppen! Paula will mit mir in den neuen Schuhladen. Dort gibt es im Moment tolle Schuhe im Angebot.

Track 12 Seite 33, zur Prüf. 7, Auf.

Tom: Hallo, Bea! Gut siehst du aus, geht es dir wieder besser?

Bea: Ah hallo Tom. Ja, danke. Ich war gerade in der Apotheke und habe Tabletten gekauft. Ich will ja heute Abend fit sein fürs Shoppen! Paula will mit mir in den neuen Schuhladen. Dort gibt es im Moment tolle Schuhe im Angebot.

Tom: Neben dem Schuhladen gibt es einen sehr guten Buchladen. Dort findest du aber nicht nur Bücher. Die haben im Moment auch ganz witzige Tassen. Ich habe letzte Woche eine für meinen Bruder gekauft.

Bea: Gute Idee.

Tom: Und du kennst bestimmt die Parfümerie neben dem Buchladen, oder? Da gehe ich oft hin, wenn ich Geschenke suche.

Bea: Na klar! Das ist meine Lieblingsparfümerie. Ich kaufe dort immer meine Creme und Frank hat dort auch ein tolles Parfüm für mich zum Geburtstag gekauft.

Tom: Ja, Parfüm geht immer, oder?

Bea: Ja, oder Schmuck. In dem neuen Schmuckgeschäft im Einkaufszentrum hat mein Vater schöne Ohrringe für meine Mutter gekauft. Die passen so gut zu ihrem blauen Kleid. Ich finde bestimmt ein paar schöne Sachen. Ich muss mir heute Abend aber leider auch Waschmaschinen anschauen, wenn ich in der Stadt bin. Unsere alte ist kaputt. Zuerst war der Fernseher kaputt und jetzt auch noch die Waschmaschine.

Tom: O je. Michael musste letzte Woche auch eine neue kaufen.

Bea: Weißt du, wo Michael seine gekauft hat?

Tom: Ich glaube, er hat sie dieses Mal online gekauft. Aber frag ihn besser selbst. Habt ihr schon einen neuen Fernseher? Da hatte Tina einen guten Tipp. Sie hat mir erzählt, dass sie ihren bei „Elektro XL" gekauft hat und dass er sehr günstig war.

LEKTION 15

Track 13 Seite 37, 3b

Müller ist schnell, er ist schneller als Frankl, aber er ist ja auch fünf Jahre jünger als Frankl. Und da kommt Heimann! Er ist kleiner als Müller, aber genauso schnell wie er. Und er bekommt den Ball. Und er rennt! Er läuft schneller als alle anderen. Er schießt, aber Schulz hält. Er ist genauso gut wie Maier. Trainer Vogt hat wieder einmal alles richtig gemacht. Schulz war die beste Wahl. Er hält die Bälle genauso sicher wie Maier und er ist genauso fit wie er.

Track 14 Seite 38, 6a

Reporter: Magst du uns deine Mannschaft mal vorstellen?

Trainer: Ja sicher. Also, Timo, das ist der kleine Junge, vorne rechts, er ist ein begabter Spieler. Und da, Lars, das ist der dunkelhaarige Junge vorn, ist ein schneller Spieler.

Reporter: Aha! Und wer spielt im Tor?

Trainer: Das ist Paul, der blonde Junge in der Mitte vorn. Er ist ein sicherer Torwart.

Reporter: Aber es spielen auch Mädchen in der Mannschaft, oder?

Trainer: Ja, sicher: Da, Layla, das große Mädchen, ist eine fantastische Fußballerin. Es ist eine junge, lustige Mannschaft, sie sind eine tolle Gruppe. Wir haben viel Spaß!

Reporter: Und ihr Trainer? Spielt ihr auch Fußball?

Trainer: Ja, klar, mein Kollege ist seit Jahren ein erfolgreicher Trainer. Ich mache das noch nicht so lange. Aber wir waren beide aktive Fußballspieler.

Reporter: Na, das denk ich mir. Vielen Dank für das Gespräch.

Track 15 Seite 39, 9a, 9c

A: Also, dieses Spiel geht so: Macht Gruppen zu vier Personen. Jede Gruppe bekommt Karten. Auf den Karten sind Bilder und Wörter. Also zum Beispiel: Hier ist eine Karte mit einem Tennisball und hier eine Karte mit dem Wort Tennis. Legt die Karten mit der Schrift und dem Bild nach unten auf den Tisch. Ein Spieler oder eine Spielerin nimmt 2 Karten und zeigt sie den anderen. Wenn die Person das richtige Wort zum Bild hat, dann darf sie die Karten behalten.

B: Also, wenn ich das Bild von dem Tennisball und das Wort Tennis habe, dann sind das jetzt meine Karten?

A: Richtig. Aber wenn die Karten nicht passen, dann muss man sie wieder auf den Tisch legen und der nächste nimmt zwei Karten.

B: Das heißt, wenn ich den Tennisball und das Wort Schwimmen bekomme, dann passt das nicht. Dann darf ich die Karten nicht behalten.

A: Genau. Und der Nächste weiß ja vielleicht noch, wo das Wort Tennis liegt. Wenn alle Karten weg sind, dann ist das Spiel vorbei. Sieger oder Siegerin ist, wer die meisten Kartenpaare hat.

LEKTION 16

Track 16 Seite 44, 7b

Reisewünsche der Deutschen – was sagt die Statistik? – 44,2% der Deutschen würden ihren Traumurlaub in der Karibik verbringen. 31,8% würden eine Weltreise mit dem Flugzeug machen und 30,2% würden gern in einer Weltstadt wie New York, Paris oder London shoppen. 29,3% würden eine Kreuzfahrt machen und 15,7% mit dem Rucksack auf Weltreise gehen.

Track 17 Seite 45, 9

A: Herzlich willkommen zu unserer heutigen Sendung „Ab in den Urlaub". Bald ist wieder Sommer und der Urlaub steht vor der Tür. Heute fragen wir unsere Hörerinnen und Hörer, wohin sie dieses Jahr fahren. Aber vorher hat Bernd uns ein paar interessante Informationen und Zahlen mitgebracht, glaube ich.

B: So ist es, Dieter! Hier habe ich die Ergebnisse einer Umfrage über die Deutschen und ihren Urlaub, die ich echt interessant finde. 2017 verbrachte knapp die Hälfte der Deutschen, also fast 50%, ihren Urlaub in einem Hotel, 25% mieteten ein Ferienhaus und nur 6% übernachteten auf einem Campingplatz.

A: Nur 6%? Ich habe immer gedacht, die Deutschen sind Campingweltmeister?

B: Nein, so wie's aussieht, nicht. Das beliebteste Reiseziel war Spanien. Aber fast 30% planen, den Urlaub wieder in Deutschland zu verbringen. Urlaub im eigenen Land ist und bleibt beliebt.

A: Ah!

B: Mhm. Aber auch Schiffsreisen, vor allem Kreuzfahrten werden immer beliebter bei Deutschen. 68% sagen, dass Sie im Urlaub etwas Neues sehen und erleben wollen.

A: Und wie ist es mit den Verkehrsmitteln, Bernd?

B: Also, wenn sie eine Reise planen, die länger als 2 Tage dauert, fahren 47% der Deutschen mit dem Auto, 38% nehmen das Flugzeug und nur 4% verreisen mit dem Wohnmobil. Und noch etwas. Das Fernsehen spielt eine große Rolle. 20% wählten ihr Reiseziel, weil sie es in einer Fernsehsendung gesehen hatten. Also, Dieter, Campingweltmeister sind die Deutschen nicht, aber bis 2012 waren sie Reiseweltmeister. Aber seit 2012 ist die Volksrepublik China Reiseweltmeister – niemand reist so viel wie die Chinesen und Chinesinnen.

A: Danke, Bernd! Also dann hören wir mal – wohin geht Ihre Reise dieses Jahr? Am Telefon ist jetzt Frau …

Track 18 Seite 46, 11a

Und nun die Wettervorhersage für Deutschland, Österreich und die Schweiz. Wie wird das Wetter morgen?
München: Das schöne Sommerwetter bleibt das ganze Wochenende. Auch morgen wird es wieder warm und sonnig bei Temperaturen um 29 Grad. Salzburg: Die Aussichten für morgen sind nicht ganz so gut: Es wird windig und die Temperaturen liegen nur noch bei 21 Grad. Basel: Die sommerlichen Temperaturen bleiben auch morgen bei Werten um 27 Grad. Am Nachmittag wird es bewölkt, aber es bleibt trocken. Bern: In Bern sind die Aussichten nicht so schön. Es wird kühl und wechselhaft. Die Temperaturen liegen bei maximal 16 Grad. Kommen wir nun zum Bodenseeraum: In Bregenz wird es morgen eher sehr schön sein …

Track 19 Seite 47, 12b

Evi: Hotel „Seestern", mein Name ist Evi Seibel. Was kann ich für Sie tun?

Roth: Guten Tag, meine Name ist Roth. Ich würde gern vom 1. bis 12. August ein Einzelzimmer bei Ihnen buchen.

Evi: Einen Moment bitte … Das tut mir leid. Wir haben erst ab dem 2.8. wieder ein Einzelzimmer frei.

Roth: Okay, dann verschiebe ich meine Reise um einen Tag. Hat das Zimmer einen Balkon?

Evi: Ja, und einen herrlichen Seeblick.

Roth: Oh, wie schön! Wie viel kostet denn die Übernachtung?

Evi: Möchten Sie Vollpension oder Halbpension?

Roth: Ich würde gern nur Übernachtung mit Frühstück buchen.

Evi: Dann kostet das Zimmer inklusive Frühstücksbuffet 75 Euro pro Nacht.

Roth: Prima, dann buche ich das Zimmer vom 2. bis 13. August. Ab wann kann ich einchecken?

Evi: Das freut uns. Sie können ab 14:00 Uhr einchecken und am Abreisetag sollten Sie bis 11 Uhr auschecken. Könnten Sie mir dann bitte noch Ihre Adresse und Telefonnummer geben?

Track 20 Seite 49, zur Prüf. 8, Bsp.

0

Paul: Hi Silke. Ich gehe gleich mit Nina und Max im Park joggen. Kommst du mit?

Silke: Nein, das ist mir zu anstrengend. Ihr lauft immer so schnell. Spielst du heute nicht Fußball?

Paul: Nein. Wir haben im Moment kein Training, der Trainer ist krank.

Silke: Ach, wie schade!

Paul: Nö, ist nicht so schlimm. Ich habe einen Salsa-Kurs gemacht, und Tanzen ist gerade mein Lieblingssport.

Track 21 Seite 49, zur Prüf. 8, Auf.

1

A: Wir müssen endlich unser Hotelzimmer und den Flug buchen.

B: Den Flug buchen? Du willst fliegen? Das ist gar keine gute Idee: viel zu teuer im August!

A: Na gut, dann fahren wir wieder mit dem Auto. Aber das war so anstrengend letztes Jahr!

B: Ja, ja, ich bin ganz deiner Meinung! Mir war das auch zu anstrengend! Ich habe gedacht, wir können doch mal mit dem Zug fahren, das haben wir lange nicht mehr gemacht.

2

A: Hast du schon deinen Koffer gepackt?

B: Nein! Und du?

A: Ja klar!

B: Nimmst du Sonnencreme mit?

A: Was, für Schottland? Nein. Ich habe einen Regenschirm eingepackt. Nimmst du auch einen mit?

B: Nein, einer ist doch genug für uns beide. Das Wetter soll gut werden. Weißt du, wo meine Sonnenbrille ist?

A: Nein, weiß ich nicht. Ich nehme keine Sonnenbrille mit. Wenn das Wetter wirklich so gut wird wie du glaubst, kaufe ich mir eine.

3

A: Hast du gehört, wie das Wetter am Wochenende in München wird?

B: Nein, noch nicht. Ich schaue aber auf jeden Fall noch mal bei Wetter-Online.

A: Gestern war es sonnig und warm. Vielleicht haben wir Glück. Und wenn es regnet, gehen wir ins Museum.

B: Ich würde sehr gern ins Deutsche Museum gehen. Aber wir können auch einen schönen Spaziergang machen. Hier, schau mal, das Wetter für München: Samstag und Sonntag, bewölkt, aber kein Regen.

4

A: Hallo Marion!

B: Hallo Lena. Na, wie war euer Urlaub?

A: Na ja, eigentlich nicht so toll. Aber das Wetter war super! Jeden Tag Sonne, blauer Himmel. Und der Strand ein Traum!

B: Das klingt doch wunderbar. Warum nicht so toll?

A: Ach, das Hotel! Das Essen war ganz gut, aber die Zimmer waren sehr klein, und wir hatten keinen Balkon.

B: Aber einen Traumstrand in der Nähe, oder?

5

A: Was darf es sein?

B: Ich möchte nur etwas Kleines essen. Können Sie mir etwas empfehlen?

A: Also, wir haben eine sehr leckere Fischvorspeise.

B: Oh … Fisch esse ich nicht so gern …

A: Wie wäre es mit einer Suppe?

B: Hmm, Suppe … Das ist eine gute Idee. Oder nein, warten Sie – haben Sie auch Salate?

A: Ja, unser griechischer Salat ist sehr beliebt.

B: Ah, gut, dann nehme ich den.

A: Sehr gern.

LEKTION 17

Track 22 Seite 54, 6

Interviewerin: Liebe Hörerinnen und Hörer, wissen Sie, was heute für ein Tag ist? Nein? Ich frage mal unseren Gast Silke Heinze.

Silke: Natürlich weiß ich das. Heute, am 20. Februar, ist der Liebe-Dein-Haustier-Tag. Wer sein Haustier liebt, sollte heute besonders viel Zeit mit ihm verbringen.

Interviewerin: Mir war das völlig neu. Aber ich wundere mich nicht, dass Frau Heinze das weiß. Sie ist nämlich Expertin für Haustiere.

Silke: Ja, ich studiere Psychologie und schreibe meine Doktorarbeit über die Beziehung zwischen den Deutschen und ihren Haustieren. Haustiere sind in Deutschland sehr beliebt. In jedem dritten deutschen Haushalt lebt ein Tier. Mit seinen 30 Millionen Haustieren liegt Deutschland im europäischen Ranking auf Platz 3 hinter Russland und Italien.

Interviewerin: Was ist denn das beliebteste Haustier in Deutschland? Der Hund?

Silke: Nein, die Katze ist das Haustier Nummer 1. 12,5 Millionen Deutsche haben mindestens eine Katze. An zweiter Stelle kommt der Hund, 10,5 Millionen Deutsche haben einen. Kleine Tiere wie Kaninchen, Hamster oder Meerschweinchen haben 3,25 Millionen Deutsche zu Hause. Danach folgen die Fische mit 3,13 Millionen und die Vögel mit 2,41 Millionen. Weitere Haustiere in Deutschland sind Mäuse, Ratten oder Schildkröten.

Interviewerin: Ich selbst habe kein Tier und muss sagen, ich verstehe auch nicht so richtig, warum Menschen Tiere in der Wohnung haben möchten. Was wissen Sie denn über die Gründe?

Silke: 91% der befragten Personen sagen, dass ein Haustier gut gegen das Alleinsein ist. Dazu passt auch, dass ein Drittel der deutschen Haustierbesitzer schon über 60 Jahre alt ist. Besonders ältere Menschen haben also Tiere. Aber auch Familien mit Kindern halten gern Tiere. Viele Eltern sind der Meinung, dass das Zusammenleben mit den Tieren gut für Kinder ist und dass sie viel davon lernen können.

Interviewerin: Und Sie, Frau Heinze, haben Sie auch ein Tier zu Hause?

Silke: Leider nein. Ich liebe Katzen, aber ich kann keine haben, weil ich allergisch bin.

LEKTION 18

Track 23 Seite 60, 7a

Karin: Hallo Vanessa!

Vanessa: Hallo Karin. Seid ihr wieder in Deutschland?

Karin: Nur ich. Kurt ist noch in Amerika. Ich musste zurückkommen, weil mein Vater krank ist.

Vanessa: Was fehlt ihm denn?

Karin: Er wollte etwas reparieren und ist gefallen. Er hat sich am Bein verletzt. Er kann nicht gehen und ich muss meiner Mutter helfen.

Vanessa: Oh, das tut mir leid. Wie hat es dir denn in den USA gefallen?

Karin: Am Anfang war es für mich nicht so leicht. Kurt hat viel gearbeitet, aber ich konnte zuerst keinen Job finden. Aber dann habe ich Deutsch unterrichtet. Ich wollte unbedingt etwas tun.

Vanessa: Das kann ich verstehen. Gehst du wieder zurück nach Amerika?

Karin: Wahrscheinlich nicht. Kurts Projekt ist in vier Monaten zu Ende und er muss dann auch wieder zurück. Aber wie geht es dir denn, Vanessa?

Vanessa: Na ja, ich musste vor 2 Monaten meinen Job wechseln. Ich konnte nicht in der alten Firma bleiben. Ich erzähle dir einmal bei einem Kaffee, warum. Wann hast du denn Zeit?

Karin: Am besten geht es abends, wenn mein Vater im Bett ist.

Vanessa: Gut. Treffen wir uns am Mittwochabend um 8.00 Uhr im Café Panorama?

Karin: Gern. Bis Mittwoch!

Vanessa: Bis Mittwoch!

Track 24 Seite 65, zur Prüf. 9, 1, Bsp.

Moderator: Liebe Hörerinnen und Hörer. Zum Thema Heimat haben wir heute Birte Kluge zu Gast im Studio. Frau Kluge, Sie leben seit über dreißig Jahren in Taiwan. Ist Taiwan Ihre Heimat?

Frau Kluge: Das ist eine schwierige Frage. Ich fühle mich sehr wohl in Taiwan. Ich lebe hier mit meinem Mann und meinen beiden Kindern. Aber für mich ist immer noch Deutschland die Heimat, vor allem der Schwarzwald, wo ich aufgewachsen bin. Für meinen Mann ist das ganz anders: Für ihn ist Taiwan seine Heimat.

Track 25 Seite 65, zur Prüf. 9, 1, Auf.

Moderator: Liebe Hörerinnen und Hörer. Zum Thema Heimat haben wir heute Birte Kluge zu Gast im Studio. Frau Kluge, Sie leben seit über dreißig Jahren in Taiwan. Ist Taiwan Ihre Heimat?

Frau Kluge: Das ist eine schwierige Frage. Ich fühle mich sehr wohl in Taiwan. Ich lebe hier mit meinem Mann und meinen beiden Kindern. Aber für mich ist immer noch Deutschland die Heimat, vor allem der Schwarzwald, wo ich aufgewachsen bin. Für meinen Mann ist das ganz anders: Für ihn ist Taiwan seine Heimat.

Moderator: Ihr Mann ist Taiwanese?

Frau Kluge: Nein, er ist Deutscher und in Stuttgart geboren, aber er lebt schon seit seiner Kindheit in Taiwan. Wir haben uns im Studium in Taipeh kennengelernt.

Moderator: Dann ist für Sie persönlich Heimat der Ort, an dem Sie aufgewachsen sind?

Frau Kluge: Ja, aber nicht direkt das Land, sondern zum Beispiel – wie bei mir – das kleine Dorf, in dem ich meine Kindheit verbracht habe. Das Dorf und den Wald habe ich am Anfang des Studiums richtig vermisst. Aber jetzt habe ich kein Heimweh mehr.

Moderator: Kommen Sie häufig zurück nach Deutschland?

Frau Kluge: Leider nein, aber auf jeden Fall verbringen wir Weihnachten immer mit der Familie im Schwarzwald. Ein typisch deutsches Weihnachtsfest mit Schnee muss einfach sein.

Moderator: Und vermissen Sie etwas? Deutsches Brot?

Frau Kluge: Wir haben Glück, dass es eine deutsche Bäckerei mit wirklich gutem Brot in unserem Viertel gibt. Aber ich vermisse Original Schwarzwälder Schinken.

Moderator: Dann wünsche ich Ihnen für morgen einen guten Rückflug nach Taiwan. Vielen Dank für das Gespräch und Ihre Zeit.

Frau Kluge: Herzlichen Dank und …

LEKTION 19

Track 26 Seite 68, 2b

Laura: Liebe Mitarbeiterinnen und Mitarbeiter. Das ist Gerd Maier.

Gerd: Guten Tag.

Laura: Herr Maier soll Ulf unterstützen, weil er ja leider bald in Rente geht. Herr Maier, das ist Ulf Böhme, der Ihnen auch alles erklären kann. Ulf ist meine rechte und meine linke Hand und vom Konzept bis zu den Kosten für das Projekt verantwortlich. Er arbeitet seit vielen Jahren in der Firma und ist seit

15 Jahren Projekt-Manager. Das ist Diana Rolle, die Office-Managerin, die alle Termine verwaltet und mit den Kunden kommuniziert.

Diana: Hallo.

Laura: Aber auch meistens die Protokolle schreibt und die Post erledigt. Sie hat immer viel zu tun. Ja, und das sind Anna und Clara, unsere kreativen Köpfe. Zusammen haben sie die tollsten Marketing-Ideen. Das ist Martin, unser Praktikant.

Martin: Hallo.

Laura: Er ist für 3 Monate in der Firma und studiert Informationsmanagement. Wenn er uns nicht mit den Computern hilft, unterstützt er Frau Rolle bei der Post. Hier ist Ihr Büro, das nicht besonders groß aber frisch renoviert ist. Ich hoffe, Sie fühlen sich bei uns wohl. Ich bin Laura. Sehen Sie sich ein bisschen um, in einer Stunde haben wir eine Besprechung.

Gerd: Vielen Dank Frau Wenk, äh Laura.

anderer Mitarbeiter: Hallo Gerd. Ich zeige dir gleich unser wichtigstes Möbelstück, den Kaffeeautomaten. Ohne ihn geht gar nichts.

Track 27 Seite 69, 5a

Ja, die lieben Kolleginnen und Kollegen … Wir haben Mitarbeiter befragt, was sie am meisten im Büro nervt. Hier nun das Ergebnis der Umfrage: Ganz oben stehen schmutzige Toiletten. 70% der Befragten gaben an, dass sie sich am meisten über schmutzige Toiletten an ihrem Arbeitsplatz ärgern. Jeweils 59% sagten, dass sie die schlechte Laune ihrer Kollegen und eine schmutzige Küche nervig finden. Gut die Hälfte, 51%, ärgern sich über die Unpünktlichkeit ihrer Kollegen. Sie finden es ärgerlich, wenn ihre Kollegen zu spät ins Büro kommen. Fast genauso viele, 50%, sind von lauten privaten Telefonaten ihrer Kollegen im Büro genervt. Nur 23% stört es, wenn sie am Kopierer warten müssen, die Kollegen müssen ja auch kopieren.

Track 28 Seite 70, 6

Radiomoderator: Guten Tag, liebe Hörerinnen und Hörer. Ich begrüße Sie wieder zu unserer Reihe „Beruf und Karriere". Heute bei mir im Studio Frau Steinmann, die uns Tipps zum Thema „Smalltalk im Büro" gibt. Herzlich willkommen, Frau Steinmann.

Frau Steinmann: Vielen Dank für die Einladung.

Radiomoderator: Worüber spreche ich mit Kollegen im Lift, in der Küche oder auch vor einem Meeting? Über welche Themen darf ich sprechen und über welche Themen besser nicht? Smalltalk ist gar nicht so leicht.

Frau Steinmann: Na ja, so schwierig ist es aber auch wieder nicht.

Radiomoderator: Können Sie uns ein paar Tipps für nicht-berufliche Themen im Büro geben?

Frau Steinmann: Natürlich, sehr gern! Small Talk bedeutet ja auf Deutsch „kleines Gespräch". Wichtig ist, dass Sie Ihrem Kollegen oder Ihrer Kollegin zeigen, dass Sie

Interesse an einem positiven Gespräch haben und sich gern unterhalten möchten.

Radiomoderator: Und wie wähle ich am besten ein Thema, das passt?

Frau Steinmann: Wählen Sie ein Thema, das Sie mit der anderen Person verbindet oder das die andere Person auch bestimmt interessiert. Sie könnten mit Kollegen im Zug über die Vor- und Nachteile sprechen, wenn man mit öffentlichen Verkehrsmitteln zur Arbeit fährt. Oder sprechen Sie über Sport, wenn Sie wissen, dass sich Ihr Kollege oder Ihre Kollegin für Sport interessiert oder selbst sportlich aktiv ist.

Radiomoderator: Gute Idee. Und ein Thema, das auch immer passt, ist das Wetter, oder?

Frau Steinmann: Ja, über das Wetter reden wir doch alle gern. Ich persönlich finde aber, dass es kein so interessantes Thema ist. Ich frage meine Kollegen lieber, was sie am Wochenende gemacht haben, oder ich spreche mit ihnen darüber, was sie im Fernsehen gesehen haben. Ein sehr gutes Thema ist auch der Urlaub.

Radiomoderator: Ich spreche gern über Filme, Bücher und Essen.

Frau Steinmann: Bestens, das sind auch ideale Smalltalk-Themen.

Radiomoderator: Und über welche Themen sollte ich mich mit meinen Kollegen besser nicht unterhalten? Ich persönlich spreche nicht gern über politische Themen.

Frau Steinmann: Ja, Politik ist kein sehr passendes Thema. Außerdem sollten Sie in Deutschland im Büro nicht über Geld, vor allem nicht über Ihr Gehalt sprechen. In skandinavischen Ländern und den USA ist das anders, da spricht man sehr offen über Geld.

Radiomoderator: Das ist ja interessant.

Frau Steinmann: Es ist außerdem empfehlenswert, dass man die Kollegen nicht nach sehr persönlichen Dingen fragt oder über Krankheiten spricht. Wichtig ist natürlich auch: Egal, worüber Sie sich unterhalten, seien Sie höflich und freundlich.

Radiomoderator: Vielen Dank für Ihre Tipps, Frau Steinmann. Und unseren Hörerinnen und Hörern wünschen wir viel Spaß und Erfolg beim Smalltalk.

Track 29 Seite 72, 11

Ella: Jetzt ist unser Büro endlich frisch renoviert. Aber ich finde, es sieht noch zu leer aus. Ich habe zu Hause eine sehr schöne Pflanze, die sehr gut hier in die Ecke passen würde. Was meinst du, Sven?

Sven: Klasse Idee, Ella. Pflanzen sind immer gut! Aber ich hätte am liebsten ein Sofa hier in der Ecke. Das würde Marion bestimmt auch super finden, oder?

Marion: Haha, eine tolle Idee! Ich bin für eine Kaffeemaschine direkt auf meinem Schreibtisch. Dann muss ich nicht immer in die Küche oder zum Automaten gehen. Und was meinst du, Fabian?

Fabian: Das war ja klar und typisch für dich, Marion. Ich hätte gern eine große Uhr. Dann machen wir alle vielleicht weniger Überstunden. Und welche Idee hast du für unser neues Büro, Leni?

Leni: Mir würde ein schönes, buntes Poster gefallen! Das würde bestimmt auch Max gefallen, oder?

Max: Aber nur von meiner Fußballmannschaft!

Leni: Oh nee, wirklich.

Max: Ihr wisst ja, wen ich unbedingt im Büro haben möchte: Bello natürlich!

alle außer Max: Nein!!! Der Hund kommt nicht mit ins Büro!

LEKTION 20

Track 30 Seite 74, 1c

Zum 20. Mal veröffentlichte das internationale Beratungsunternehmen Mercer dieses Jahr seine Studie über Lebensqualität in der Stadt. Mercer bewertet jedes Jahr die Lebensqualität in 230 Großstädten weltweit. Und das Ergebnis ist auch 2018 keine große Überraschung, denn zum neunten Mal in neun Jahren ist die österreichische Hauptstadt wieder die lebenswerteste Großstadt weltweit. Jeder Wien-Besucher ist begeistert und auch die Wiener und Wienerinnen leben gern in ihrer Stadt. München, die Großstadt mit der höchsten Lebensqualität in Deutschland, ist auf der internationalen Rangliste auf Platz 3 gewandert; 2017 stand sie noch auf Platz 4. München teilt sich diesen dritten Platz mit Auckland in Neuseeland. Platz 2 belegt 2018, wie schon 2017, Zürich. Die geringste Luftverschmutzung und daher die beste Luft gibt es übrigens in Honolulu.

Track 31 Seite 75, 5

Interviewer: Guten Tag, liebe Hörerinnen und liebe Hörer der „Wiener Welle". Heute ist Jule bei uns zu Gast im Studio. Jule wohnt seit einem Jahr in einer Wohnanlage in Floridsdorf, einem Teil von Wien, wo keine Autos fahren dürfen! Jule, erzähl unseren Hörerinnen und Hörern doch bitte einmal, wie du auf die Idee gekommen bist, dorthin zu ziehen.

Jule: Hallo! Also, ein Freund von mir hat mir davon erzählt, dass es in Floridsdorf diese Wohnsiedlung gibt. Er hatte einen interessanten Artikel im Internet gelesen. Ich habe dann noch mehr Informationen eingeholt.

Interviewer: Und dann bist du gleich am nächsten Tag dorthin gezogen?

Jule: Nein, so schnell habe ich das nicht entschieden. Ich musste das ja auch mit meinen Mitbewohnern in der WG besprechen. Aber dann ging alles sehr schnell.

Interviewer: Umgezogen bist du aber bestimmt mit dem Auto, oder?

Jule: Nein, natürlich nicht! Ich habe gar nicht so viele Dinge und die haben meine Freunde und ich mit Lastenfahrrädern dorthin gebracht.

Interviewer: Na, das nenne ich wirklich sportlich und ökologisch! Wie gefällt dir das Leben dort?

Jule: Sehr gut! Ich finde es prima, dass ich Nachbarn habe, die auch bewusst und klar „Nein" zu einem Auto sagen, und wir verstehen uns gut. Wer mal nicht mit dem Rad fahren möchte, kann öffentliche Verkehrsmittel benutzen. Bei uns gibt es direkt eine Straßenbahnhaltestelle. Und in die Innenstadt von Wien sind es zirka 12 Kilometer. Weil wir ja keine Parkplätze brauchen, haben wir mehr Platz für Grünflächen. Und was ich auch toll finde: Wir haben Gemeinschaftsräume – einen Fitnessraum, einen Jugendraum, unseren Waschsalon und das „allgemeine Wohnzimmer". Dort treffen wir uns oft.

Interviewer: Wir unterhalten uns gleich nach der Musik weiter.

Track 32 Seite 78, 9b

Der Blick in die Zukunft ist immer eine spannende Geschichte. Experten aus der Architektur und Städteplanung sagen uns, wie unsere Welt in 100 Jahren aussehen könnte. Es wird immer mehr Menschen auf der Welt geben, bis 2116 über 11 Milliarden. Und wo werden dann alle wohnen? Architekten, die Städte planen, werden Lösungen finden müssen. Nach Meinung der Experten werden viele in sogenannten Super-Hochhäusern leben. Es werden sogar Gebäude möglich sein, die mit 25 Stockwerken unter der Erde liegen werden. Und es wird auch Unterwasser-Städte, also Städte mit Gebäuden unter Wasser geben. Das klingt verrückt und wie Science Fiction, aber nach Meinung der Experten werden sich unsere Städte sehr, sehr stark verändern. Viele Straßen, Läden, Cafés und Wohnungen werden vielleicht in 1.000 Metern Höhe liegen. Die Zukunftsexperten glauben auch, dass es Autos geben wird, die fliegen können. Und wer weiß, wo wir in Zukunft Urlaub machen werden? Ferien im Weltall könnten 2116 dann auch ganz normal sein.

Track 33 Seite 81, zur Prüf. 10, Bsp.

0

Hier ist das Restaurant „Krokodil". Im Moment ist unser Restaurant geschlossen. Sie können auf Band sprechen, wenn Sie einen Tisch reservieren wollen. Wir rufen Sie zurück. Unsere Öffnungszeiten sind: Freitag bis Sonntag von 11:30 bis 15:00 Uhr und von 18:00 bis 23:00 Uhr. Dienstags, mittwochs und donnerstags freuen wir uns ab 18:00 Uhr auf Ihren Besuch. Montags ist das Restaurant geschlossen.

Track 34 Seite 81, zur Prüf. 10, Auf.

1

Hallo Markus, hier Steffi. Ich habe das Geburtstagsgeschenk für Moni besorgt. Ich habe noch ein Ticket für das Klavierkonzert am nächsten Samstag bekommen. Könntest du bitte noch eine schöne Geburtstagskarte kaufen? Den Text können wir ja dann zusammen schreiben. Ach, das Ticket hat 40 Euro gekostet, das sind also für jeden von uns 20 Euro. Wir haben ja gesagt, dass wir die Kosten teilen, richtig? Tschüss.

2

… und gegen Abend vor allem im Nordosten leicht bewölkt und Regen. Und nun das Wetter für morgen. Die Aussichten sind insgesamt viel besser: Es wird weniger windig und es regnet fast nicht mehr. Insgesamt wird es wieder wärmer, bei angenehmen Temperaturen um 25 Grad. Also, endlich wieder ein schöner Sommertag …

3

Guten Tag, Herr Bieler, hier Autohaus Schneider. Wir mussten heute Abend noch etwas am Motor reparieren und werden leider morgen noch nicht mit der Reparatur fertig sein. Wir müssen den Termin deshalb um einen Tag verschieben. Sie können also erst übermorgen Ihr Auto bei uns abholen. Wir haben dann, wie jeden Donnerstag, bis 20:00 Uhr geöffnet. Vielen Dank für Ihr Verständnis!

4

Liebe Kunden! In unserer Sportabteilung nur heute ein super Angebot: alle Sportschuhe 50% billiger. Worauf warten Sie noch? Und denken Sie daran: Morgen für unsere Kleinen – Sonderangebote in unserer Spielzeugabteilung: Alle Spielsachen 25% reduziert. Und besuchen Sie uns am Samstag, da haben wir tolle Angebote in der Haushaltswarenabteilung: Töpfe, Pfannen …

5

Hallo, Frau Kieser. Monika Meier hier. Ich rufe Sie im Auftrag von Herrn Welke an. Er ist noch in einer wichtigen Besprechung, die noch länger dauern wird. Danach muss er noch das Meeting am Nachmittag vorbereiten. Bitte rufen Sie bei der Firma Datamed an und sagen Sie Bescheid, dass Herr Welke erst morgen Zeit für das Gespräch hat. Vielen Dank.

MODELLTEST

Track 35 Seite 89, Teil 1 (00.00-04.50)

Hören, Teil 1

1

Achtung, hier ein wichtiger Hinweis für alle Reisenden nach Amsterdam über Köln und Duisburg. Der ICE 121 nach Amsterdam hält heute nicht in Köln und fährt heute schon um 10:15 Uhr ab, nicht um 10:50 Uhr. Grund dafür sind Bauarbeiten. Vielen Dank für Ihr Verständnis.

2

Und nun die Wetteraussichten. Heute bleibt es sonnig und warm mit Temperaturen um die 25 Grad. In der Nacht kann es Gewitter geben und morgen wird es deutlich kühler mit Temperaturen um die 18 Grad. Tagsüber bleibt es aber trocken. Erst übermorgen wird es im ganzen Land regnen, bei Temperaturen um die 20 Grad.

3

Hi Matthias, hier ist Jochen. Du, meine S-Bahn hat leider Verspätung, ich schaffe es nicht bis 15:00 Uhr bei dir zu sein. Ich glaube, wir treffen uns am besten direkt im Eiscafé, dann komme ich vom Bahnhof sofort da hin. Warte doch einfach am Eingang auf mich, und dann können wir überlegen, ob wir im Eiscafé bleiben.

4

Hallo Inge, hier ist Sarah. Heute Abend ist ja meine Abschiedsparty. Ich habe jetzt auch Cola gekauft, du musst also keine Getränke mehr mitbringen. Und unsere Nachbarn haben Salate gemacht, genug zu essen haben wir auch. Aber ich habe nicht so viel Musik – du hast doch immer so gute Musik – kannst du die mitbringen? Danke.

5

Liebe Kundinnen, liebe Kunden, das Kaufhaus Wertbach schließt heute schon um 18:30 Uhr, also in einer Viertelstunde. Bitte gehen Sie jetzt zu den Kassen und bezahlen Sie Ihre Einkäufe. Morgen sind wir wieder wie gewohnt von 9:00 Uhr bis 20:00 Uhr für Sie da. Vielen Dank für Ihr Verständnis.

Track 35 Seite 89, Teil 2 (04.54-06.44)
Hören, Teil 2
Beispiel
Ingo: Hallo Rosi! Super, dass du Zeit hast!
Rosi: Hallo Ingo! Ja, jetzt können wir die Hochzeitsfeier für Lydia und Georg in Ruhe planen. Du hast mich ja schon gefragt, ob ich mich um die Musik kümmere, und das mache ich sehr gern.

Sie hören jetzt den Text.
Ingo: Toll! Und weißt du was? Ich habe neulich einen Kurs an der VHS gemacht und jetzt kann ich backen! Deshalb möchte ich gern Kuchen mitbringen. Brauchen wir eigentlich auch noch Geschirr?
Rosi: Nein, das nicht, aber Kuchen ist super! Die Feier ist ja bei Lydia und Georg im Garten – weißt du, ob wir genug Tische und Bänke haben?
Ingo: Also, ich kenne den Garten und da gibt es schon Tische und Bänke, aber vielleicht kann Carmen noch ein paar Stühle aus ihrem Garten mitbringen, manche Leute sitzen ja nicht so gern auf einer Bank.
Rosi: Gut, wir fragen sie. Übrigens will Ismail sich um Getränke kümmern …
Ingo: Oh weia, das wollte Dorothee machen …
Rosi: Das macht ja nichts, es können ja beide etwas machen. Ismail hat ein großes Auto, dann kann er die kalten Getränke mitbringen, Wasser, Limo, Saft …
Ingo: Super, dann kann Dorothee sich um den Kaffee und Tee kümmern.
Rosi: Genau. Ach, und Thomas will auch gern helfen. Was denkst du? Kann er vielleicht die Einladungen schreiben?
Ingo: Hmm, das machen Lydia und Georg selbst. Aber wir haben noch nichts Schönes für die Tische, vielleicht Blumen?
Rosi: Ja, das fehlt noch. Er soll Blumen mitbringen, das ist gut.
Ingo: Also, dann haben wir ja alles …

Track 35 Seite 90, Teil 3 (06.47-09.52)
Hören, Teil 3
11
A: Was darf es sein?
B: Ich möchte gerne ein Steak mit Gemüse.
A: Oh, tut mir leid, aber das haben wir nicht mehr … darf es vielleicht Fisch mit Salat sein?
B: Hm, also Fisch … ich weiß nicht. Na gut, aber dann bitte mit Gemüse und nicht mit Salat.
A: In Ordnung, gerne.

12
A: Entschuldigung, ich finde das Müsli einfach nicht!
B: Sie stehen genau davor, hier unten im Regal.
A: Ach, stimmt! … Das ist aber teuer!
B: Ja, aber das ist auch ein Bio-Produkt. Ich kann dieses Müsli sehr empfehlen. Ich esse es am liebsten mit Milch.
A: Hmm, ich esse Müsli lieber mit Joghurt, aber dann probiere ich es mal.

13
A: Also, Herr Schneider, das Beste für Ihre Rückenschmerzen ist Schwimmen, denke ich.
Mindestens zweimal pro Woche sollten Sie das machen. Das Schwimmbad ist ja auch nicht weit von Ihrer Wohnung, oder?
B: Ach, Frau Doktor, ich kann leider nicht schwimmen …
A: Hm, na gut. Dann nehmen Sie erst mal diese Schmerztabletten – und dann gehen Sie zu einer Fachärztin. Hier ist eine Überweisung.
B: Na gut, wenn es sein muss.

14
A: Ach Gisela, du bist's! Hi!
B: Hallo Wolfgang, gut, dass du da bist! Hast du vielleicht ein bisschen Waschmittel für mich? Ich habe keins mehr, und ich muss dringend waschen.
A: Moment, ich guck mal … Oh tut mir leid, Gisela, ich hab auch keins mehr!
B: Oh nein … Kann ich mir dann kurz dein Auto leihen? Tom ist noch unterwegs und er hat das Auto …
A: Und unser Auto ist leider zur Reparatur … Willst du mein Fahrrad?
B: Ja, prima. Das ist total lieb von dir. Dann bin ich noch vor 20 Uhr im Supermarkt.

15
A: So, Frau Sorge, Ihr Antrag auf einen Reisepass ist jetzt vollständig … und Ihren Personalausweis habe ich ja auch schon gesehen.
B: Sind die Fotos denn in Ordnung so?
A: Jaja, das ist alles richtig so. Dann fehlt nur noch die Gebühr.
B: Oh, muss ich sofort zahlen?
A: Nein, das können Sie auch machen, wenn Sie den Pass abholen. Das dauert etwa 6 Wochen.
B: Super, vielen Dank und einen schönen Tag noch!

Track 35 Seite 90, Teil 4 (09.55-13.13)

Hören, Teil 4

Interviewer: Herzlich willkommen bei Radio Eins! Heute geht es bei uns um Bücher. Mein erster Gast ist Frau Schick. Frau Schick, was haben Sie mit Büchern zu tun?

Frau Schick: Hallo! Ich arbeite seit über 20 Jahren in der Stadtbibliothek. Da habe ich natürlich den ganzen Tag Bücher um mich herum.

Interviewer: Das stimmt. War das schon als Kind Ihr Traumberuf?

Frau Schick: Ehrlich gesagt: Nein. Als Kind wollte ich mit Tieren arbeiten – aber ich glaube, das wollen die meisten Kinder. Als Jugendliche habe ich dann aber sehr, sehr viel gelesen – und da hat dann meine Liebe zu Büchern angefangen.

Interviewer: Ah ja. Lesen Sie heute auch noch so viel?

Frau Schick: Hmm, ich habe weniger Zeit zum Lesen, weil ich mich in der Freizeit lieber mit Freunden treffe. Als Jugendliche war ich lieber alleine, da habe ich mehr gelesen. Aber auch heute lese ich mindestens zwei Bücher im Monat.

Interviewer: Tatsächlich? Ich habe mich gefragt, ob wir heute noch eine Bibliothek brauchen. Ehrlich gesagt bin ich selten da und leihe Bücher oft von Freunden aus.

Frau Schick: Vor etwa zehn Jahren sind tatsächlich weniger Menschen in die Bibliothek gekommen. Damals waren E-Books und so ganz neu. Aber heute – die Leute mögen lieber richtige Bücher. Es kommen wieder viele Menschen zu uns und leihen Bücher aus.

Interviewer: Interessant! Aber leider ist unsere Zeit schon um, vielen Dank für das Gespräch!

图字：09−2018−1260号

图书在版编目（CIP）数据

欧标德语教程. A2. 备考训练／（德）比尔吉特·布
劳恩，（德）伊芙琳·施瓦茨，（德）桑德拉·霍赫曼著.
—上海：上海译文出版社，2021. 11
ISBN 978−7−5327−8190−4

I. ①欧… II. ①比… ②伊… ③桑… III. ①德语—
教学参考资料 IV. ①H33

中国版本图书馆CIP数据核字（2021）第239245号

欧标德语教程A2（备考训练）

比尔吉特·布劳恩
［德］伊芙琳·施瓦茨　　编著
桑德拉·霍赫曼

薛　琳　　编译

———————

上海译文出版社有限公司出版、发行
网址：www.yiwen.com.cn
201101　上海市闵行区号景路159弄B座
上海华顿书刊印刷有限公司印刷

———————

开本890×1240　1/16　印张7.75　字数340,000
2022年1月第1版　2022年1月第1次印刷
ISBN 978−7−5327−8190−4/H·1447
定价：42.00元

———————

如有质量问题，请与承印厂质量科联系。T: 021−36162648

ISBN 978-7-88841-443-3

9 787888 414433 >